KB241947

G-TELP 대비 필수 어휘 20일 완성!

G-TELP KOREA 문제 제공

지텔프 기출 보카

Level 2

BM (주)도서출판 성안당

[지텔프 기출 보카 Level 2]를 내면서

도서출판 성안당에서 지텔프 코리아가 제공한 G-TELP Level 2 기출문제를 반영한 지텔프 어휘 학습 교재 **[지텔프 기출 보카 Level 2]**를 출간하였습니다. 반세기 동안 수험서 출간을 선도해 온 성안당에서 특유의 노하우와 진심을 담아, 문법, 듣기, 독해 영역별로 기출 어휘를 정리하여 지텔프 시험에 완벽하게 대비하고 단기간에 목표 점수를 성취하도록 돕고자 합니다.

지텔프 기출 문장을 예문으로 수록한 어휘 학습서!

[지텔프 기출 보카 Level 2]는 지텔프 코리아로부터 기출문제를 제공받아 기출 문장을 예문으로 수록한 지텔프 기출 어휘 학습서입니다. 지텔프 최신 경향을 반영한 영역별 핵심 어휘를 빠르게 정리하고 기출 문장으로 된 예문을 확인하면서 학습 효과를 높이도록 본 교재를 문법, 청취, 독해 영역으로 나누어 구성하였습니다.

G-TELP Level 2 전 영역 어휘 완벽 대비!

지텔프 시험에서 단기간에 점수를 내기 위해서는 탄탄한 어휘 실력이 필수입니다. 본 교재를 지텔프 기출문제를 풀기 전후 예습용과 복습용으로 활용하시길 추천 드립니다. 본 교재에서는 지텔프 어휘 실력을 단기간에 기를 수 있도록 어휘의 품사별 뜻, 파생어, 동의어, 지텔프 문법에 필요한 포인트 등을 함께 제공하고 있습니다.

예문까지 수록한 단어 암기 MP3 제공!

본 교재를 보다 효과적으로 활용하도록 단어와 뜻, 예문을 함께 녹음한 MP3 파일을 제공하고 있습니다. 기출문제에 나온 예문들을 들을 수 있어서 듣기 실력 향상과 실전 대비를 극대화할 수 있습니다.

[지텔프 기출 보카 Level 2]를 통해 영어 실력 향상과 함께 목표 점수를 확보하여 학업과 취업에서 좋은 성과를 이루길 진심으로 응원합니다.

성안당 지텔프 연구소

목차

PART 1

Grammar VOCA

PART 2

Listening VOCA

PART 3

Reading VOCA

이 책의 기호와 구성

125

① replace
[ripléis]

⑥ = substitute

② 통 교체하다, 대신하다

J**④ replaced** the tables with smaller ones. 6-30
제인은 테이블을 작은 것**⑤으로 교체했다.**

126

residence
③ [rézədəns]

resident
명 거주자

명 집, 거주지

Matthew got the go-ahead for his minimalist design of a client's **residence**. 4-2
매튜는 고객의 **집**에 대한 미니멀리즘적 디자인을 승인받았다.

127

responsible
[rispánsəbl]

responsibility
⑦ 명 책임

형 책임 있는

Our president felt **responsible** for approving the release of a poorly-designed produ**⑩** 7-8
우리 사장은 형편없는 디자인 제품의 출시를 승인한 데 대해 **책임을** 통감했다.

---

⑧ 128

risk
[risk]

⑨ · risk + ~ing

통 ~할 위험이 있다 명 위험, 리스크

Any movement can **risk** worsening a possible injury.
3-8
어떤 움직임도 부상 가능성을 악화시킬 **위험이 있다.**

---

050 : 지텔프 최신 기출 보카 Level 2

1 **지텔프 기출 단어**
지텔프 기출 단어를 문법, 청취, 독해 영역으로 나누어 제시했습니다.

2 **품사와 단어 뜻**
지텔프에서 주로 쓰이는 품사와 뜻 위주로 선정했습니다.

3 **단어의 발음기호**
품사별로 발음이나 강세가 다른 경우 나누어 표시했습니다. (128쪽 204번 increase 참조)

4 **예문 속 단어**
붉은 색으로 표시하여 바로 구분할 수 있게 했습니다.

5 **예문 속 단어 뜻**
굵게 표시하여 문장에서 실제 쓰이는 뜻을 확인할 수 있습니다.

6 **단어의 유의어**
지텔프 유의어 문제에 실제 출제되었거나 가능성 있는 유의어를 제시했습니다.

7 **단어의 관련어**
파생어를 제시하여 추가적으로 단어를 학습하고 어휘력을 확장시킬 수 있습니다.

8 **빈도수 높은 단어**
단어는 붉은 색, 예문은 붉은 바탕으로 표시하여 자주 쓰이는 단어임을 나타냈습니다.

9 **지텔프 문법 유형**
문법 문제에 자주 출제되는 유형과 청취나 독해에 필요한 구문을 제시했습니다.

10 **기출 예문의 출처**
예를 들어 문법의 7–8은 최신 지텔프 기출 문제 해설집(성안당) 7회의 8번 문제를 나타내고, 청취와 독해의 7–4는 7회 파트 4의 지문이나 문제를 나타냅니다.

이 책의 특징

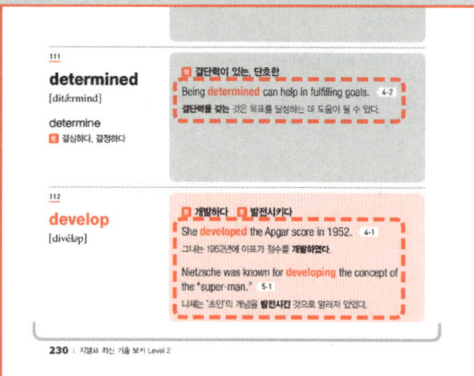

1. 2021 최신 기출 예문으로 실전 감각 익히기

2021년 출제된 지문과 문제로 예문을 구성하여 실전 감각을 익힐 수 있습니다.

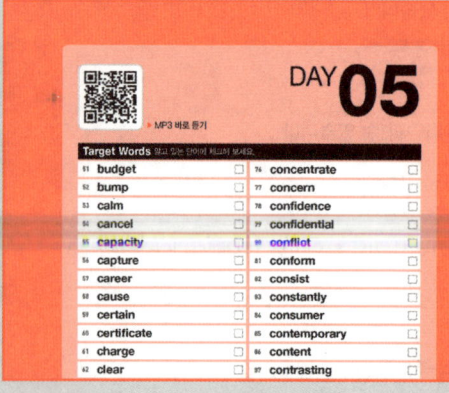

2. DAY별 학습할 어휘를 미리 확인해 보는 Target Words

아는 단어를 체크해 본 후 지텔프에서 주로 쓰이는 뜻과 문장을 학습하여 효율을 높일 수 있습니다.

3. DAY별 학습한 어휘를 빠르게 점검해 보는 TEST

테스트를 통해 학습한 내용을 바로 확인해 볼 수 있습니다.

4 지텔프 문법 유형 정보 제공

지텔프 문법에 자주 출제되는 유형을 제공하여 효과적으로 시험에 대비할 수 있습니다.

5 예문이 들어간 DAY별 MP3와 개별 단어 MP3 제공!

단어와 뜻과 함께 예문까지 함께 들려줌으로써 문장에서의 쓰임을 확실하게 익힐 수 있습니다.

개별 단어 듣기 안내

★ 우측 QR코드(스마트폰)로 접속하기 ➡ 상단 성안당 로고 우측의 [회원가입]을 클릭하여 회원가입 ➡ QR코드로 다시 접속하여 로그인 하기 ➡ [자료 다운로드 바로가기] 버튼 클릭 ➡ 개별 단어 ZIP 파일 다운받기

DAY 통파일 바로 듣기

★ DAY마다 있는 QR코드로 접속하면 바로 듣기 가능

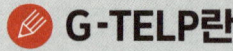

G-TELP 소개

✏️ G-TELP란?

G-TELP(General Tests of English Language Proficiency)는 ITSC(International Testing Services Center, 미국 국제 테스트 연구원)에서 주관하는 국제 공인영어시험입니다. 한국은 1986년에 지텔프코리아가 설립되어 시험을 운영 및 주관하고 있습니다. 현재 각종 국가고시, 기업 채용 및 승진 평가 시험, 대학교 졸업 인증 시험, 교육 과정 등에서 널리 활용되는 글로벌 영어평가 교육시스템입니다. G-TELP에는 다양한 테스트가 있으며 그중 G-TELP Level Test의 Level 2 정기 시험 점수가 가장 많이 사용되고 있습니다.

✏️ G-TELP Level 2의 구성

영역	분류		문항	배점
문법	시제, 가정법, 조동사, 준동사, 연결어, 관계사, 당위성/이성적 판단		26	100점
청취	Part 1	개인적인 이야기를 하는 대화	26 (각 7/6/6/7문항)	100점
	Part 2	정보를 제공하는 발표 형식의 담화		
	Part 3	결정을 위해 의논하는 대화		
	Part 4	절차나 과정을 설명하는 형식의 담화		
독해 및 어휘	Part 1	과거나 현세대 인물의 일대기	28 (각 7문항)	100점
	Part 2	사회나 기술적 내용을 다루는 잡지 기사		
	Part 3	일반적인 내용의 지식 백과		
	Part 4	설명하거나 설득하는 내용의 비즈니스 레터		
전체	약 90분 (영역별 제한 시간 없이 전체 90분 활용 가능)		80문항	공인 성적: 영역별 점수 합을 3으로 나눈 평균값

✏️ G-TELP의 특징

▶ 절대 평가 방식: 영어 대체 시험 성적으로는 Level 2의 65점 이상만 얻으면 합격 가능
▶ 빠른 성적 확인: 응시일로부터 일주일 이내 성적 확인 가능
▶ 문법, 청취, 독해 및 어휘의 3영역에 객관식 4지선다형으로 학습 부담 적음
▶ 영역별 문제 유형이 확실하게 정해져 있어 단기간 학습으로 점수 상승 가능

G-TELP Level 2의 성적 활용 비교

구분	G-TELP (LEVEL 2)	TOEIC
5급 공채	65	700
외교관 후보자	88	870
7급 공채	65	700
7급 외무영사직렬	77	790
7급 지역인재	65	700
국회사무처(입법고시)	65	700
대법원(법원행정고시)	65	700
국민안전처(소방간부 후보생)	50	625
국민안전처(소방사) (2023년부터)	43	550
경찰청(경찰간부 후보생)	50	625
경찰청(경찰공무원)	43	550
국방부(군무원) 5급	65	700
국방부(군무원) 7급	47	570
국방부(군무원) 9급	32	470
카투사	73	780
특허청(변리사)	77	775
국세청(세무사)	65	700
고용노동부(공인노무사)	65	700
국토교통부(감정평가사)	65	700
한국산업인력공단(관광통역안내사)	74	760
한국산업인력공단(호텔경영사)	79	800
한국산업인력공단(호텔관리사)	66	700
한국산업인력공단(호텔서비스사)	39	490
금융감독원(공인회계사)	65	700

Grammar
VOCA

DAY 01

Target Words 알고 있는 단어에 체크해 보세요.

01	**abroad**	☐	26	**bloom**	☐
02	**absence**	☐	27	**board**	☐
03	**accident**	☐	28	**breathe**	☐
04	**activate**	☐	29	**capital**	☐
05	**advantage**	☐	30	**celebrate**	☐
06	**advice**	☐	31	**claim**	☐
07	**agency**	☐	32	**combine**	☐
08	**algebra**	☐	33	**comment**	☐
09	**anatomy**	☐	34	**commitment**	☐
10	**announce**	☐	35	**compete**	☐
11	**anthropology**	☐	36	**complain**	☐
12	**anticipate**	☐	37	**conference**	☐
13	**appeal**	☐	38	**consider**	☐
14	**appear**	☐	39	**contract**	☐
15	**application**	☐	40	**corruption**	☐
16	**appointment**	☐	41	**courtesy**	☐
17	**approach**	☐	42	**creation**	☐
18	**appropriate**	☐	43	**current**	☐
19	**assign**	☐	44	**decade**	☐
20	**association**	☐	45	**decline**	☐
21	**assure**	☐	46	**defend**	☐
22	**avoid**	☐	47	**definitely**	☐
23	**awake**	☐	48	**demand**	☐
24	**barely**	☐	49	**demanding**	☐
25	**behavior**	☐	50	**difficulty**	☐

001

abroad

[əbrɔ́ːd]

= overseas

부 해외로, 외국으로

They adore traveling **abroad** to see scenic spots and experience other cultures. ◀ 2-19

그들은 경치 좋은 곳을 보고 다른 문화를 체험하기 위해 **해외로** 여행하는 것을 좋아한다.

002

absence

[ǽbsəns]

absent
형 결석한, 부재한

명 결석, 부재

Luke's professors were alarmed by his **absences**.
◀ 5-23

루크의 교수들은 루크가 **결석**한 것에 대해 우려하고 있다.

003

accident

[ǽksidənt]

accidentally
부 우연히, 실수로

명 사고   **명** 우연

Fire officials are still investigating the cause of the **accident**. ◀ 4-8

소방 당국은 아직 **사고** 원인을 조사 중이다.

The inventor discovered the pacemaker by **accident**.

◀ 3-24   그 발명가는 심박조율기를 아주 **우연**히 발견했다.

004

activate

[ǽktəveit]

동 활성화하다

It made a heart-like beat when **activated**. ◀ 3-24

활성화되었을 때, 그것은 심장 같은 박동을 만들었다.

005

advantage
[ədvǽntidʒ]

명 이점, 장점

The Frankford Foxes won due to home-court **advantage**. 3-21

프랭크포드 폭스는 홈 구장의 **이점** 때문에 이겼다.

006

advice
[ədváis]

advise
동 충고하다, 조언하다

명 조언, 충고

Yvonne always tries to offer fair **advice**. 7-7

이본느는 항상 공정한 **조언**을 하려고 노력한다.

007

agency
[éidʒənsi]

agent
명 대리인, 중개인

명 대행사, 대리점

The travel **agency** wasn't able to find us a good deal for our trip. 4-15

그 여행**사**는 우리 여행을 위한 가격이 좋은 상품을 찾아주지 못했다.

008

algebra
[ǽldʒəbrə]

명 대수학

Tina spent much of her **algebra** class daydreaming. 4-18

티나는 **대수학** 수업의 많은 부분을 공상에 잠겨서 보냈다.

009

anatomy
[ənǽtəmi]

명 해부학

Clarisse performed so poorly on the final exam in **anatomy**. `7-3`

클라리스는 **해부학** 기말시험에서 성적이 너무 안 좋았다.

010

announce
[ənáuns]

= declare

동 발표하다, 알리다

The corporation **announced** that it would be splitting up into two new companies. `4-9`

그 회사는 두 개의 새로운 회사로 분리될 것이라고 **발표했다.**

011

anthropology
[ǽnθrəpálədʒi]

명 인류학

David signed up for an **anthropology** class. `6-3`

데이비드는 **인류학** 수업에 등록했다.

012

anticipate
[æntísəpèit]

* anticipate + ~ing

동 기대하다, 예상하다

Barry never **anticipated** actually gaining admission to Ivy League universities. `5-6`

배리는 실제로 아이비 리그 대학의 입학 허가를 받을 줄은 결코 **예상하지** 못했다.

013

appeal

[əpíːl]

appealing
형 매력적인

동 호소하다, 관심을 끌다   명 호소(력)

Many cell phone models have different features that **appeal** to different customers. 7-2

많은 휴대폰 모델들은 다양한 고객에게 **관심을 끄는** 다양한 기능을 갖추고 있다.

014

appear

[əpíər]

appearance
명 외모, 등장

동 나타나다, 등장하다   동 ~처럼 보이다

Some actors are only paid for the scenes they **appear** in. 4-22

일부 배우들은 **등장하는** 장면에 대해서만 출연료를 받는다

015

application

[æplikéiʃən]

apply
동 적용하다, 지원하다

명 응용 프로그램   명 지원, 신청

A credit card company announced the launch of a security **application**. 2-3

한 신용카드 회사가 보안 **프로그램** 출시를 발표했다.

016

appointment

[əpɔ́intmənt]

appoint
동 임명하다, 정하다

명 (업무 관련) 약속

Pierce came down with the flu and missed yesterday's **appointment**. 7-20

피어스는 독감에 걸려 어제 **약속**을 놓쳤다.

017

approach
[əpróutʃ]

동 다가오다, 접근하다　명 접근(법)

Public service seems to take a back seat until Election Day **approaches**. ▶ 3-25

선거일이 **다가올** 때까지 공적 서비스는 뒷전으로 밀리는 것 같다.

018

appropriate
[əpróupriət]

= suitable

형 적절한, 적합한

The staff did not consider yelling to be an **appropriate** response. ▶ 5-19

직원들은 고함치는 것을 **적절한** 반응으로 여기지 않았다.

019

assign
[əsáin]

= allocate

assignment
명 과제, 숙제

동 할당하다, 부여하다

We have to work in two groups to finish the film **assigned** to us on time. ▶ 7-19

우리는 **할당된** 영화를 제시간에 끝내려면 두 그룹으로 나눠야 한다.

020

association
[əsòusiéiʃən]

명 협회, 연합

The **association** has received many complaints about safety issues lately. ▶ 6-6

그 **협회**는 최근 안전 문제에 관한 불평들을 많이 받아왔다.

021

assure

[əʃúər]

= guarantee

[동] 장담하다, 보장하다

The basketball star **assured** sneaker fans that his partnership won't end with his retirement. `4-17`

그 농구 스타는 그의 파트너십이 은퇴와 함께 끝나지 않을 것이라고 운동화 팬들에게 **장담했다**.

022

avoid

[əvóid]

* avoid + ~ing

[동] 피하다

People who suffer from diabetes don't have to **avoid** eating sweet treats altogether. `6-7`

당뇨병을 앓고 있는 사람들은 단 음식을 완전히 **피해야** 하는 것은 아니다.

023

awake

[əwéik]

[형] 깨어 있는

Sheila made herself a cup of coffee to stay **awake** while studying. `5-15`

쉴라는 공부하는 동안 **깨어 있기** 위해 커피 한 잔을 만들어 마셨다.

024

barely

[béərli]

= hardly

= scarcely

[부] 거의 ~ 않게

She **barely** sees her friends anymore. `2-21`

그녀는 이제 친구들을 **거의** 보지 **못한다**.

025

behavior

[bihéivjər]

behave
동 행동하다

명 행동, 태도

It is necessary that government officials be held to a higher standard of **behavior**. `4-5`

정부 관리들은 더 높은 **행동** 기준을 지켜야 한다.

026

bloom

[bluːm]

= blossom

동 (꽃이) 피다

Azaleas can **bloom** for up to eight weeks. `3-10`

진달래는 8주까지 **필** 수 있다.

027

board

[bɔːrd]

명 위원회, 이사회

Mr. Abbot will make a successful presentation at the **board** meeting. `6-26`

애벗 씨는 **이사회**에서 성공적인 발표를 할 것이다.

동 탑승하다

We were still dining when our flight was called for **boarding**. `1-10`

우리의 비행기 **탑승**이 요청되었을 때 우리는 여전히 식사를 하고 있었다.

028

breathe

[briːð]

breath 명 호흡

breathing 명 호흡

동 숨쉬다, 호흡하다

Choking happens when an airway gets blocked and the person cannot **breathe** properly. 1-6

질식은 기도가 막혀 **숨을** 제대로 **쉴** 수 없을 때 발생한다.

029

capital

[kǽpətl]

명 자본 명 수도 형 대문자의

If he were to get more **capital**, he would open a restaurant. 3-11

그가 더 많은 **자본을** 구하면, 그는 식당을 열 것이다.

030

celebrate

[séləbrèit]

celebration
명 기념, 축하

동 기념하다, 축하하다

The BDC network will air reruns of the show to **celebrate** the show's 20th anniversary. 4-6

그 프로그램의 20주년을 **기념하기** 위해, BDC 방송국은 그 프로그램의 재방송을 할 예정이다.

031

claim

[kleim]

= assert

동 주장하다 명 주장, 청구

Some people **claim** that man-made global warming is only a myth. 3-14

어떤 사람들은 인간이 만든 지구 온난화가 그릇된 통념일 뿐이라고 **주장한다.**

032

combine
[kəmbáin]

combination
명 결합, 조합

동 결합하다

Cycle-ball is a sport that **combines** football and motorcycling. 4-21

사이클볼은 축구와 오토바이를 **결합한** 스포츠이다.

033

comment
[káment]

명 의견, 발언　동 의견을 말하다, 논평하다

His thoughtless **comments** often offend his coworkers. 4-16

그의 부주의한 **발언**은 자주 동료들을 불쾌하게 한다.

034

commitment
[kəmítmənt]

commit
동 전념하다, 헌신하다

명 약속, 헌신

Mr. Kruger has to fulfill an important **commitment**. 7-1

크루거 씨는 중요한 **약속**을 이행해야 한다.

035

compete
[kəmpí:t]

competition
명 경쟁, 대회

동 경쟁하다

Weeds **compete** with landscaping plants for sunlight and water. 5-10

잡초는 햇빛과 물을 얻기 위해 조경용 식물과 **경쟁한다**.

036

complain
[kəmpléin]

complaint
명 불평, 불만

동 불평하다, 항의하다 동 (통증 등을) 호소하다

Customers were **complaining** about the poor quality of the product. 6-23

고객들은 그 제품의 낮은 품질에 대해 **불만을 제기하고** 있었다.

037

conference
[kánfərəns]

명 학술 대회, 학회

Matilda will be in Kendal City next month for a **conference**. 6-2

마틸다는 다음 달에 **학회** 때문에 켄달 시에 올 것이다.

038

consider
[kənsídər]

consideration
명 고려, 숙고

* consider + ~ing

동 고려하다, 감안하다

Patrick is **considering** rescheduling his meeting with a client. 2-13

패트릭은 고객과의 미팅 일정을 변경하는 것을 **고려하고** 있다.

039

contract
[kántrækt, kəntrækt]

명 계약 동 (병 등에) 걸리다, 수축하다

Some of them earn less by accepting limited **contracts**. 4-22

그들 중 일부는 제한된 **계약**을 받아들임으로써 더 적은 수입을 얻는다.

040

corruption

[kərʌ́pʃən]

명 부패

As part of the president's anti-**corruption** campaign, many government officials are being investigated. `5-22`

대통령의 반**부패** 캠페인의 일환으로, 많은 공무원들이 조사받고 있다.

041

courtesy

[kə́:rtəsi]

= politeness

명 예의

Etiquette dictates that drivers also show **courtesy** when parking. `1-19`

에티켓은 운전자들이 주차할 때도 **예의**를 표하도록 규정한다.

042

creation

[kriéiʃən]

create

통 만들어내다, 창작하다

명 만들어냄, 창작

"Playborhood" is a movement that promotes the **creation** of more open spaces in the neighborhood.

`5-24`

"플레이버후드"는 동네에 더 많은 열린 공간을 **만드는 것**을 촉진하는 운동이다.

043

current

[kə́:rənt]

currently

부 현재, 최근에

형 현재의, 최근의   **명** 흐름, 추세

My **current** laptop has a broken screen. `2-5`

내 **현재** 노트북은 화면이 깨져 있다.

044

decade
[dékeid]

명 **10년**

Fans have been missing the cast since the **decade**-long series ended. 4-6

팬들은 **10년**간 지속된 시리즈가 끝난 이후로 그 출연진을 그리워하고 있었다.

045

decline
[dikláin]

= decrease
= diminish

동 **감소하다** 동 **거절하다** 명 **감소, 하락**

The technology company's sales began to **decline** 10 years ago. 4-26

그 기술 회사의 매출이 10년 전부터 **감소하기** 시작했다.

046

defend
[difénd]

동 **방어하다**

Jamal asks questions instead of immediately trying to **defend** himself. 1-13

자말은 즉시 자신을 **방어하려고** 애쓰는 대신 질문을 한다.

047

definitely
[défənitli]

부 **분명히, 확실히**

You will **definitely** like my friend John. 4-25

너는 **분명히** 내 친구 존을 좋아하게 될 것이다.

048

demand

[dimǽnd]

* demand + that + 주어
  + (should) + 동사원형

명 요구, 수요　**동** 요구하다

Abby wants to meet the **demand** from eager buyers.　5-8

애비는 열성적인 구매자들의 **수요**를 충족시키길 원한다.

049

demanding

[dimǽndiŋ]

형 까다로운, 요구가 많은

The professor was so **demanding** that David failed.　6-3

그 교수가 너무 **까다로워서** 데이비드는 낙제했다.

050

difficulty

[dífikʌlti]

명 어려움

Dan is having **difficulty** choosing the color of his new car.　7-11

댄은 새 차의 색상을 고르는 데 **어려움**을 겪고 있다.

DAY 01 TEST

A 단어와 의미를 알맞게 연결하세요.

01. absence	•	• ① 행동
02. approach	•	• ② 할당하다, 부여하다
03. assign	•	• ③ 학술 대회, 학회
04. behavior	•	• ④ 결석, 부재
05. conference	•	• ⑤ 10년
06. courtesy	•	• ⑥ 다가오다, 접근
07. decade	•	• ⑦ 예의

B 빈칸에 알맞은 단어를 보기에서 고르세요.

① anthropology	② avoid	③ breathe
④ commitment	⑤ definitely	⑥ barely
⑦ decline	⑧ current	

08. David signed up for an _____ class.

데이비드는 인류학 수업에 등록했다.

09. You will _____ like my friend John.

너는 분명히 내 친구 존을 좋아하게 될 것이다.

10. Choking happens when an airway gets blocked and the person cannot _____ properly.

질식은 기도가 막혀 제대로 숨 쉴 수 없을 때 발생한다.

11. People who suffer from diabetes don't have to _____ eating sweet treats altogether.

당뇨병을 앓고 있는 사람들은 단 음식을 완전히 피해야 하는 것은 아니다.

12. Mr. Kruger has to fulfill an important _____.

크루거 씨는 중요한 약속을 이행해야 한다.

13. My _____ laptop has a broken screen.

내 현재의 노트북은 화면이 깨져 있다.

14. The technology company's sales began to _____ 10 years ago.

그 기술 회사의 매출이 10년 전부터 감소하기 시작했다.

15. She _____ sees her friends anymore.

그녀는 이제 친구들을 거의 보지 못한다.

정답 **1** ④ **2** ⑥ **3** ② **4** ① **5** ③ **6** ⑦ **7** ⑤ **8** ① **9** ⑤ **10** ③ **11** ② **12** ④ **13** ⑧ **14** ⑦ **15** ⑥

026 : 지텔프 최신 기출 보카 Level 2

▶ MP3 바로 듣기

DAY 02

Target Words 알고 있는 단어에 체크해 보세요.

51	disappointed	☐	76	ignore	☐
52	discontinue	☐	77	immediately	☐
53	dissect	☐	78	incomplete	☐
54	district	☐	79	injure	☐
55	eclipse	☐	80	insect	☐
56	encourage	☐	81	insist	☐
57	enthusiasm	☐	82	intensely	☐
58	entirely	☐	83	investigate	☐
59	essential	☐	84	irritated	☐
60	exclusively	☐	85	judgment	☐
61	exhausted	☐	86	lag	☐
62	express	☐	87	launch	☐
63	fate	☐	88	luxurious	☐
64	financial	☐	89	massive	☐
65	flood	☐	90	meteor	☐
66	following	☐	91	mind	☐
67	fond	☐	92	misuse	☐
68	force	☐	93	mysterious	☐
69	fossil	☐	94	nap	☐
70	frequently	☐	95	nearby	☐
71	gain	☐	96	neglect	☐
72	geometric	☐	97	neighbor	☐
73	gigantic	☐	98	nutrient	☐
74	harvest	☐	99	occasionally	☐
75	hectic	☐	100	offend	☐

051

disappointed
[dìsəpɔ́intid]

형 실망한

Camille is very **disappointed** that she will miss the movie. 6-12

카밀은 그 영화를 놓치게 되어 매우 **실망하고** 있다.

052

discontinue
[dìskəntínju:]

= stop

동 중단하다

She has decided to **discontinue** using the lotion. 2-9

그녀는 그 로션 사용을 **중단하기로** 했다.

053

dissect
[disékt]

동 해부하다

She'd rather **dissect** a frog than learn algebra. 4-18

그녀는 대수학을 배우느니 차라리 개구리를 **해부하는** 편이 낫다.

054

district
[dístrikt]

명 지구, 구역

Principal Spencer will leave the **district** at the end of the school year. 4-13

스펜서 교장은 학년 말에 그 **구역**을 떠날 것이다.

055

eclipse

[iklíps]

명 일식, 월식

Shadow bands are wavy stripes of light that appear during a total solar **eclipse**. 〔5-21〕

그림자 띠는 개기 **일식** 때 나타나는 물결 모양의 빛의 줄무늬이다.

056

encourage

[inkə́:ridʒ]

* encourage + 목적어
  + to부정사

동 권장하다, 격려하다

Management **encourages** us to wear comfortable clothes. 〔6-25〕

경영진은 우리에게 편한 복장을 하도록 **권장한다**.

057

enthusiasm

[inθjú:ziæ̀zəm]

= passion

enthusiast
명 애호가, 열렬한 팬

명 열정, 열의

Greg was worried about the seeming lack of **enthusiasm**. 〔7-25〕

그렉은 **열정**이 부족해 보이는 것에 대해 걱정했다.

058

entirely

[intáiərli]

= completely
= absolutely

entire **형** 전체의

부 완전히, 전적으로

He isn't **entirely** satisfied with his business. 〔3-11〕

그는 자신의 사업에 **완전히** 만족하지는 않는다.

059

essential

[isénʃəl]

= vital

essence

명 본질, 핵심

형 필수적인

When the body loses fluids, it also loses **essential** salts like sodium and potassium. `1-21`

몸이 수분을 잃으면 나트륨과 칼륨 같은 **필수적인** 염분도 잃는다.

060

exclusively

[iksklúsivli]

exclude 동 제외하다, 배제하다

exclusive

형 독점의, 배타적인

부 독점으로, 오직 ~뿐

The brand will be selling their clothes **exclusively** online. `5-26`

그 브랜드는 온라인**으로만** 옷을 판매할 것이다.

061

exhausted

[igzɔ́:stid]

형 지친, 기진맥진한

James was **exhausted** after a long day at the office. `2-10`

제임스는 사무실에서 긴 하루를 보낸 후 **지쳐버렸다**.

062

express

[iksprés]

expression

명 표현

동 표현하다

Eunice is looking for a more satisfying way to **express** her creativity. `3-7`

유니스는 창의성을 **표현할** 더 만족스러운 방법을 찾고 있다.

063

fate

[feit]

= destiny

명 운명

I've always thought of it as an odd twist of **fate**. `4-12`

나는 항상 그것을 이상한 **운명**의 반전이라고 생각해 왔다.

064

financial

[fainǽnʃəl, fə-]

finance
명 재정, 금융 **통** 자금을 대다

형 재정적인, 재무의

Our office was updating its **financial** records. `2-14`

우리 사무실이 **재무** 기록을 업데이트하고 있었다.

065

flood

[flʌd]

명 홍수, 범람 통 침수시키다

The residents had no reason to worry about another massive **flood**. `7-14`

주민들은 또 다른 대규모 **홍수**를 걱정할 이유가 없었다.

He came home to find his apartment **flooded**. `3-15`

그는 집에 와서 아파트가 **침수된** 것을 발견했다.

066

following

[fάlouiŋ]

follow
통 따르다, 뒤이어 일어나다

전 ~ 후에

The Foxes lost in the playoffs **following** their star player's injury. `5-17`

폭스 팀은 스타 선수의 부상 **이후** 플레이오프에서 패했다.

명 추종자, 팬

The store has gained a strong **following** only a month after its launch. `5-8`

그 매장은 개시 한 달 만에 강력한 구매자**층**을 얻고 있다.

067

fond

[fɑnd]

fondness
명 좋아함, 애정

형 좋아하는

He is **fond** of traveling to other countries. `4-25`

그는 다른 나라를 여행하는 것을 **좋아한다**.

068

force

[fɔːrs]

* **be forced to** + 동사원형
어쩔 수 없이 ~ 하다

동 강요하다 **명** 힘

Luke might be **forced** to quit school soon. `5-23`

루크는 **어쩔 수 없이** 곧 학교를 그만두게 **될지도** 모른다.

069

fossil

[fάsəl]

명 화석

We have been relying mostly on harmful **fossil** fuels for energy. `6-10`

우리는 에너지를 위해 해로운 **화석** 연료에 주로 의존해 왔다.

070

frequently

[frí:kwəntli]

= often

부 자주

Brian's marriage counselor **frequently** stresses that he listen carefully to his spouse. `1-13`

결혼 상담사는 브라이언이 배우자의 말을 주의깊게 들어야 한다고 **자주** 강조한다.

071

gain

[gein]

= get
= acquire

동 얻다, 쌓다

While there, she is **gaining** hands-on experience. `1-5`

그곳에 있는 동안, 그녀는 실전 경험을 **쌓고** 있다.

072

geometric

[ʤi:əmétrik]

형 기하학적인

These **geometric** shapes were most likely drawn by ancient Nazca people. `1-17`

이 **기하학적인** 모양들은 고대 나스카 사람들에 의해 그려졌을 가능성이 크다.

073

gigantic

[ʤaigǽntik]

형 거대한, 엄청난

Because of this oxygen surplus, insects grew to **gigantic** sizes. `7-26`

이러한 산소 잉여량 때문에 곤충들은 **거대한** 크기로 자랐다.

074

harvest
[háːrvist]

명 수확(물)　동 수확하다

She wants her **harvests** to be purely organic. ‹2-20›

그녀는 **수확물**이 순전히 유기농이길 원한다.

075

hectic
[héktik]

형 (정신없이) 바쁜

They don't have enough time to exercise lately because of their **hectic** work schedule. ‹7-23›

그들은 **바쁜** 업무 일정 때문에 요즘 운동할 시간이 충분하지 않다.

076

ignore
[ignɔ́ːr]

= neglect

= disregard

ignorance 명 무지, 모름

동 무시하다, 모른 체하다

Jeffrey **ignored** his leaky bathroom sink for several months. ‹3-15›

제프리는 몇 달 동안 물이 새는 욕실 세면대를 **모른 체했다**.

077

immediately
[imíːdiətli]

부 즉시

Our supervisor wanted to send the salespeople into the field **immediately**. ‹6-5›

우리 관리자는 영업 사원들을 **즉시** 현장으로 보내기를 원했다.

078

incomplete

[ìnkəmplíːt]

형 완전하지 않은, 불충분한

Charles failed to close a deal after submitting an **incomplete** business proposal. 5-12

찰스는 **완전하지 않은** 사업 제안서를 제출한 후 거래를 성사시키지 못했다.

079

injure

[índʒər]

injury
명 부상

동 다치다, 부상을 입히다

Stephanie **injured** her arm badly when she fell out of a tree. 2-8

스테파니는 나무에서 떨어져 팔을 심하게 **다쳤다**.

080

insect

[ínsekt]

명 곤충

Mosquitoes are one of the planet's most successful **insects** in terms of numbers. 6-16

모기는 지구상에서 수적인 측면에서 가장 성공적인 **곤충** 중 하나이다.

081

insist

[insíst]

* insist + that + 주어
  + (should) + 동사원형

동 고집하다, 주장하다

The archeologist is **insisting** that they search the old site more thoroughly. 7-24

그 고고학자는 그들이 그 옛 유적지를 더 철저히 수색해야 한다고 **주장하고** 있다.

082

intensely

[inténsli]

intense
형 강렬한, 격렬한

부 강렬하게, 열심히

Marlon studied so **intensely** for his final exam in physics.　7-22

말론은 물리학 기말고사를 위해 매우 **열심히** 공부했다.

083

investigate

[invéstəgèit]

= inspect

investigation
명 조사, 탐구

동 조사하다, 수사하다

Fire officials are **investigating** the cause of the accident.　4-8

소방 당국은 사고 원인을 **조사** 중이다.

084

irritated

[írəteitid]

irritation
명 자극, 과민, 짜증

형 가려운, 따끔거리는　형 짜증난

Kelly's skin got **irritated** after using a scented lotion.　2-9

켈리는 향이 나는 로션을 사용하자 피부가 **따끔거렸다.**

085

judgment

[dʒʌdʒmənt]

judge
동 판단하다

명 판단

Jamal asks questions and withholds **judgment**.　1-13

자말은 질문을 던지고 **판단**을 보류한다.

086

lag
[læg]

동 뒤처지다   **명** 시간 차이

Francine's sales team **lags** behind in performance.   3-16

프란신의 영업 팀은 실적이 **뒤처진다**.

087

launch
[lɔ:ntʃ]

동 착수하다, 출시하다

The company owner **launched** an investigation to find the missing money.   6-1

그 회사 소유주가 사라진 돈을 찾기 위해 조사에 **착수했다**.

명 출시

A credit card company announced the **launch** of a security application.   2-3

한 신용카드 회사가 보안 프로그램 **출시**를 발표했다.

088

luxurious
[lʌɡʒúriəs]

luxury
명 사치, 호화로움

형 사치스러운, 호화로운

Many government officials are being investigated for having **luxurious** lifestyles.   5-22

많은 공무원들이 **사치스러운** 생활방식으로 조사받고 있다.

089

massive
[mǽsiv]

= huge
= enormous
= immense

형 대규모의

The residents had no reason to worry about another **massive** flood. 7-14

주민들은 또 다른 **대규모** 홍수를 걱정할 이유가 없었다.

090

meteor
[míːtiər]

명 유성

Ray is watching a **meteor** shower on the rooftop of his apartment building. 6-17

레이는 아파트 옥상에서 **유성**우를 보고 있다.

091

mind
[maind]

* mind + ~ing

동 꺼리다 **명** 마음, 정신

She doesn't **mind** listening to her friends talk in detail about their concerns. 7-7

그녀는 친구들이 그들의 걱정에 대해 자세히 이야기하는 것을 들어주는 것을 **꺼리지** 않는다.

092

misuse
[mìsjúːz, mìsjúːs]

= abuse

동 남용하다, 악용하다 **명** 남용, 오용

The president was proven to have **misused** its funds. 7-10

그 회장이 자금을 **남용했다는** 사실이 입증되었다.

093

mysterious
[mistíəriəs]

mystery
명 수수께끼, 신비스러움

형 신기한, 이상한

Ralph heard **mysterious** scratching noises coming from his front porch. 3-5

랄프는 현관에서 **이상한** 긁는 소리가 나는 것을 들었다.

094

nap
[næp]

명 낮잠

Sean felt sleepy and pulled the car over for a **nap**. 5-9

숀은 졸려서 **낮잠**을 자려고 차를 세웠다.

095

nearby
[níərbai]

형 근처의, 인근의　부 근처에

P&F Store is losing customers to **nearby** grocery stores. 4-20

P&F 스토어는 **근처** 식료품점들에게 고객을 빼앗기고 있다.

096

neglect
[niglékt]

= ignore

동 방치하다, 소홀히 하다

The archeologists didn't expect to uncover any relics at the **neglected** Mayan site. 7-24

고고학자들은 **방치된** 마야 유적지에서 어떤 유물도 발견할 것이라고 기대하지 않았다.

097

neighbor
[néibər]

명 이웃

I suggest you stop talking to the **neighbor**. 6-14

나는 네가 그 **이웃**과 그만 얘기했으면 좋겠다.

098

nutrient
[njú:triənt]

명 영양, 영양소

Snail slime has plenty of **nutrients** that protect the snail's skin from drying out. 1-24

달팽이 점액은 달팽이의 피부가 마르는 것을 보호해 주는 많은 **영양소**를 가지고 있다.

099

occasionally
[əkéiʒənəli]

= sometimes

부 가끔

Jenny **occasionally** buys a bottle of essential oils to perfume her house. 1-26

제니는 **가끔** 집을 향기롭게 하기 위해 에센셜 오일을 산다.

100

offend
[əfénd]

offensive
형 불쾌한

동 불쾌하게 하다

His thoughtless comments often **offend** his coworkers. 4-16

그의 부주의한 발언은 자주 동료들을 **불쾌하게 한다**.

DAY 02 TEST

A 단어와 의미를 알맞게 연결하세요.

01. encourage •

02. lag •

03. injure •

04. insist •

05. investigate •

06. neglect •

07. offend •

• ① 뒤처지다

• ② 조사하다, 수사하다

• ③ 방치하다, 소홀히 하다

• ④ 권장하다, 격려하다

• ⑤ 다치다, 부상을 입히다

• ⑥ 불쾌하게 하다

• ⑦ 고집하다, 주장하다

B 빈칸에 알맞은 단어를 보기에서 고르세요.

① eclipse	② enthusiasm	③ fate
④ financial	⑤ gigantic	⑥ hectic
⑦ irritated	⑧ mind	

08. Greg was worried about the seeming lack of _____.

그렉은 열정이 부족해 보이는 것에 대해 걱정했다.

09. Because of this oxygen surplus, insects grew to _____ sizes.

이러한 산소 잉여량 때문에 곤충들은 거대한 크기로 자랐다.

10. Shadow bands are wavy stripes of light that appear during a total solar _____.

그림자 띠는 개기 일식 때 나타나는 물결 모양의 빛의 줄무늬이다.

11. I've always thought of it as an odd twist of _____.

나는 항상 그것을 이상한 운명의 반전이라고 생각해 왔다.

12. They don't have enough time to exercise lately because of their _____ work schedule.

그들은 바쁜 업무 일정 때문에 요즘 운동할 시간이 충분하지 않다.

13. Our office was updating its _____ records.

우리 사무실이 재무 기록을 업데이트하고 있었다.

14. She doesn't _____ listening to her friends talk in detail about their concerns.

그녀는 친구들이 그들의 걱정에 대해 자세히 이야기하는 것을 들어주는 것을 꺼리지 않는다.

15. Kelly's skin got _____ after using a scented lotion.

켈리는 향이 나는 로션을 사용하자 피부가 따끔거렸다.

▶ MP3 바로 듣기

DAY 03

101 **outfit**	☐	126 **residence**	☐
102 **overall**	☐	127 **responsible**	☐
103 **pain**	☐	128 **risk**	☐
104 **pediatrician**	☐	129 **ruin**	☐
105 **petition**	☐	130 **solid**	☐
106 **planet**	☐	131 **spill**	☐
107 **poorly**	☐	132 **splatter**	☐
108 **premiere**	☐	133 **split**	☐
109 **principal**	☐	134 **steadily**	☐
110 **privilege**	☐	135 **straight**	☐
111 **product**	☐	136 **strand**	☐
112 **promise**	☐	137 **strict**	☐
113 **properly**	☐	138 **stuck**	☐
114 **prune**	☐	139 **success**	☐
115 **pure**	☐	140 **suffer**	☐
116 **pursue**	☐	141 **suggest**	☐
117 **quarterly**	☐	142 **surplus**	☐
118 **quit**	☐	143 **tender**	☐
119 **range**	☐	144 **term**	☐
120 **rash**	☐	145 **thoroughly**	☐
121 **rather**	☐	146 **unfortunately**	☐
122 **recognize**	☐	147 **variety**	☐
123 **regularly**	☐	148 **victim**	☐
124 **remind**	☐	149 **willing**	☐
125 **replace**	☐	150 **withhold**	☐

101

outfit
[áutfìt]

명 옷, 옷차림

Her personal stylist will certainly disapprove of her **outfit**. 3-13

그녀의 개인 스타일리스트는 확실히 그녀의 **옷차림**을 못마땅해 할 것이다.

102

overall
[òuvəró:l]

형 전반적인　부 전반적으로

Caring for your teeth properly is important in achieving **overall** health. 2-12

치아를 적절하게 관리하는 것은 **전반적인** 건강을 이루는 데 중요하다.

103

pain
[pein]

painful
형 고통스러운, 아픈

명 고통, 통증

Mr. Robinson has been complaining of chest **pains** for weeks now. 4-4

로빈슨 씨는 몇 주 동안 가슴 **통증**을 호소하고 있다.

104

pediatrician
[pì:diətrí∫ən]

명 소아과 의사

The **pediatrician** told her that she should give her son 5 ml of multivitamins. 1-18

소아과 의사는 그녀가 아들에게 5ml의 종합 비타민을 주어야 한다고 말했다.

105

petition
[pətíʃən]

동 청원하다 명 청원(서), 탄원(서)

Some members are **petitioning** for the guilty officer to be replaced. 7-10

일부 회원들은 유죄 판결을 받은 간부가 교체되어야 한다고 **청원하고** 있다.

106

planet
[plǽnit]

명 행성

We can tell stars from **planets** in the night sky. 3-6

우리는 밤하늘에서 별을 **행성**과 구별할 수 있다.

107

poorly
[púərli]

부 형편없이

Clarisse performed so **poorly** on the final exam in anatomy. 7-3

클라리스는 해부학 기말시험 성적이 너무 **형편없이** 나왔다.

108

premiere
[primíər]

동 개봉하다, 초연하다 명 시사회, 초연

A documentary about the local art scene will **premiere** at the film festival next month. 5-16

지역 예술계에 대한 다큐멘터리가 다음 달 그 영화제에서 **처음으로 선보일** 것이다.

109

principal
[prínsəpəl]

명 교장 **형** 주요한

Principal Spencer will leave at the end of the school year. `4-13`

스펜서 **교장**은 학년 말에 떠날 것이다.

110

privilege
[prívəlidʒ]

명 특권, 특혜

Government officials enjoy special **privileges** that ordinary citizens do not. `4-5`

정부 관리들은 일반 시민이 누리지 않는 **특권**을 누린다.

111

product
[prádʌkt]

produce
통 생산하다

명 제품, 상품

You should price your **product** carefully. `1-25`

당신은 당신 **제품**의 가격을 신중하게 책정해야 한다.

112

promise
[prámis]

통 약속하다 **명** 약속

Mr. Kruger has **promised** that he will take the boy to OceanWorld. `7-1`

크루거 씨는 그 남자아이를 오션월드에 데려가겠다고 **약속했다**.

113

properly
[prápərli]

= appropriately
= suitably

부 적절하게, 제대로

Caring for your teeth **properly** is important. ◀ 2-12

치아를 **적절하게** 관리하는 것은 중요하다.

114

prune
[pruːn]

동 가지치기하다

Many people **prune** their trees every year. ◀ 7-15

많은 사람들이 매년 나무를 **가지치기한다**.

115

pure
[pjuər]

purity 명 순수함

purely 부 순전히, 순수하게

형 순수한

Jenny went to Main Street to buy a bottle of the **pure** essential oils. ◀ 1-26

제니는 **순수** 에센셜 오일을 사러 메인 스트리트로 갔다.

116

pursue
[pərsúː]

pursuit
명 추구

동 추구하다

It's worth spending the money to **pursue** their passion. ◀ 2-19

열정을 **추구하기** 위해 돈을 쓰는 것은 가치가 있다.

117

quarterly

[kwɔ́ːrtərli]

형 분기의, 분기별

He finished a **quarterly** report. `2-10`

그는 **분기별** 보고서를 완성했다.

118

quit

[kwit]

= leave

= stop

* quit + ~ing

동 그만두다

He might be forced to **quit** school soon. `5-23`

그는 어쩔 수 없이 곧 학교를 **그만두게** 될지도 모른다

119

range

[reindʒ]

= scope

명 범위 **동** (~에서 ~까지) 범위에 이르다

Countries must consider testing a weapon's **range** to be high priorities. `6-15`

국가들은 무기의 **범위**를 시험하는 것을 최우선순위로 고려해야 한다.

120

rash

[ræʃ]

명 발진, 뾰루지 **형** 경솔한, 성급한

She has a **rash** covering parts of her body. `2-9`

그녀 몸의 일부에서 **발진**이 생겼다.

121

rather

[rǽðər]

부 **오히려, 차라리 (~보다는)**

Rather than becoming alert after drinking coffee, she felt even sleepier. `5-15`

그녀는 커피를 마신 후 정신이 들기 **보다는** 훨씬 더 졸리는 것을 느꼈다.

122

recognize

[rékəgnàiz]

= acknowledge

recognition
명 인지, 인정

동 **인정하다, 알아보다**

Yosemite National Park is **recognized** for its giant sequoia trees and waterfalls. `4-19`

요세미티 국립공원은 거대한 세쿼이아 나무와 폭포로 **알려져** 있다.

123

regularly

[régjələrli]

regular
형 정규의, 정례의

부 **규칙적으로, 정기적으로**

Harris runs **regularly**, but he doesn't pay attention to what he's eating. `1-7`

해리스는 **규칙적으로** 달리기는 하지만 먹는 것에는 신경을 안 쓴다.

124

remind

[rimáind]

동 **생각나게 하다, 상기시키다**

The song **reminds** Martin of Grandma Ellie. `2-4`

그 노래는 마틴에게 엘리 할머니를 **생각나게 한다**.

125

replace

[ripléis]

= substitute

동 교체하다, 대신하다

Jane **replaced** the tables with smaller ones. 6-30

제인은 테이블을 작은 것으로 **교체했다**.

126

residence

[rézədəns]

resident
명 거주자

명 집, 거주지

Matthew got the go-ahead for his minimalist design of a client's **residence**. 4-2

매튜는 고객의 **집**에 대한 미니멀리즘적 디자인을 승인받았다.

127

responsible

[rispánsəbl]

responsibility
명 책임

형 책임 있는

Our president felt **responsible** for approving the release of a poorly-designed product. 7-8

우리 사장은 형편없는 디자인 제품의 출시를 승인한 데 대해 **책임을** 통감했다.

128

risk

[risk]

* risk + ~ing

동 ~할 위험이 있다 명 위험, 리스크

Any movement can **risk** worsening a possible injury. 3-8

어떤 움직임도 부상 가능성을 악화시킬 **위험이 있다**.

129

ruin

[rúːin]

= destroy
= devastate

동 망치다, 파멸시키다　**명** 파멸, 황폐

Mrs. Whitfield is so mad at her poodle for **ruining** her garden.　6-9

휘트필드 아주머니는 정원을 **망쳐버린** 푸들에 대해 매우 화가 났다.

130

solid

[sɑ́lid]

solidity
명 단단함, 견고함

명 고체　**형** 고체의, 단단한

Suspension medicines contain liquids and **solids** that don't mix together well.　7-9

현탁제는 같이 잘 섞이지 않는 액체와 **고체**를 포함하고 있다.

131

spill

[spil]

동 쏟다, 엎지르다

She **spilled** the coffee all over her favorite dress.　2-18

그녀는 가장 좋아하는 드레스에 커피를 **쏟아** 버렸다.

명 유출

The company is considering selling its new patent for cleaning up oil **spills**.　7-12

그 회사는 기름 **유출**을 제거하기 위한 새로운 특허 판매를 고려하고 있다.

132

splatter

[splǽtər]

동 튀기다, 엎지르다

She accidentally **splattered** coffee on herself. `2-18`

그녀는 실수로 자신에게 커피물을 **튀게** 했다.

133

split

[split]

= divide
= separate

동 분리되다, 분리하다

It will be **splitting** up into two new companies by December. `4-9`

그곳은 12월까지 두 개의 새로운 회사로 **분리될** 것이다.

134

steadily

[stédili]

steady
형 꾸준한

부 꾸준히, 서서히

The number of farmers in industrialized nations has been **steadily** declining. `1-8`

선진국들의 농민 수는 **꾸준히** 감소해오고 있다.

135

straight

[streit]

형 연속의, 곧은 **부** 연속으로

Without his injury, he would have led his team to their third **straight** victory. `5-17`

그의 부상이 없었다면, 그는 팀의 3**연승**을 이끌었을 것이다.

136

strand
[strænd]

통 발을 묶다, 오도 가도 못하게 하다

The beachgoers saw a young dolphin **stranded** on the sand. 2-1

해변 관광객들은 어린 돌고래 한 마리가 모래 위에 **오도 가도 못하는** 것을 보았다.

137

strict
[strikt]

= stern
= severe

형 엄격한

Professor Craig is so **strict** that many students drop out halfway. 2-26

크레이그 교수는 너무 **엄격해서** 많은 학생들이 중도에 수업을 철회한다.

138

stuck
[stʌk]

형 갇힌, 막힌, 끼인

Marlon ended up **stuck** in traffic for three hours. 2-23

말론은 결국 세 시간 동안 교통 체증에 **갇혀** 있었다.

139

success
[səksés]

successful
형 성공한

명 성공

The punk rock band is enjoying great **success** in Europe and Asia. 6-11

그 펑크록 밴드는 유럽과 아시아에서 큰 **성공**을 누리고 있다.

140

suffer

[sʌ́fər]

= undergo

통 (어려움 등을) 겪다, 앓다

My company **suffered** another huge quarterly loss. `6-18`

우리 회사는 또 한 번의 큰 분기 손실을 **겪었다.**

141

suggest

[sədʒést]

* suggest + that + 주어
  + (should) + 동사원형
* suggest + ~ing

통 제안하다   **통** 보여주다

His friends **suggested** that he keep an eye on the home game schedule. `2-23`

그의 친구들은 그에게 홈 경기 일정을 주시할 것을 **제안했다.**

142

surplus

[sə́:rpləs]

명 잉여   **형** 잉여의

Because of this oxygen **surplus**, insects grew to gigantic sizes. `7-26`

이런 산소 **잉여량** 때문에 곤충들은 거대한 크기로 자랐다.

143

tender

[téndər]

형 부드러운, 다정한

Aunt Nona likes her pork very **tender** and juicy. `3-1`

노나 이모는 돼지고기가 **부드럽고** 육즙이 많은 걸 좋아한다.

144

term

[təːrm]

명 측면, 조건

Mosquitoes are still one of the planet's most successful insects in **terms** of numbers. 6-16

모기는 여전히 지구상에서 수적인 **측면**에서 가장 성공적인 곤충 중 하나이다.

145

thoroughly

[θɔ́ːrouli, θʌ́rəli]

= completely

= utterly

부 철저하게, 완전히

You should **thoroughly** clean each section of your mouth. 2-12

입안 구석구석 **철저하게** 닦아야 한다.

146

unfortunately

[ʌnfɔ́ːrtʃənətli]

부 안타깝게도, 아쉽게도

Unfortunately, the shop had already closed for the night. 1-26

안타깝게도, 그 가게는 이미 영업을 마치고 문이 닫혀 있었다.

147

variety

[vəráiəti]

= diversity

* a variety of 다양한

명 다양성

The customers are satisfied with the wide **variety** of choices on the restaurant's menu. 7-6

손님들은 그 식당의 **다양한** 메뉴 선택에 만족하고 있다.

148

victim
[víktim]

명 피해자, 희생자

Make the **victim** comfortable while waiting for an ambulance.　3-8

구급차를 기다리는 동안 **피해자**를 편안하게 해 주세요.

149

willing
[wíliŋ]

willingness
명 기꺼이 하는 태도

형 기꺼이 ～ 하는

Ask yourself how much you are **willing** to pay for the item.　1-25

기꺼이 얼마를 그 물건에 지불**할지**를 자신에게 물어보라.

150

withhold
[wiðhóuld, wiθ-]

동 보류하다

Jamal now asks questions and **withholds** judgment.　1-13

자말은 이제 질문을 던지고 판단을 **보류한다**.

A 단어와 의미를 알맞게 연결하세요.

01. petition •　　　　　　　• ① 그만두다

02. pursue •　　　　　　　• ② 튀기다, 엎지르다

03. quit •　　　　　　　• ③ 청원하다, 탄원

04. recognize •　　　　　　　• ④ 오도 가도 못하게 하다

05. splatter •　　　　　　　• ⑤ 인정하다, 알아보다

06. strand •　　　　　　　• ⑥ 보류하다

07. withhold •　　　　　　　• ⑦ 추구하다

B 빈칸에 알맞은 단어를 보기에서 고르세요.

① pediatrician	② premiere	③ privilege
④ prune	⑤ residence	⑥ strict
⑦ stuck	⑧ victim	

08. The _____ told her that she should give her son 5 ml of multivitamins.

소아과 의사는 그녀가 아들에게 5ml의 종합 비타민을 주어야 한다고 말했다.

09. Many people _____ their trees every year.

많은 사람들이 매년 나무를 가지치기한다.

10. A documentary about the local art scene will _____ at the film festival next month.

지역 예술계에 대한 다큐멘터리가 다음 달 그 영화제에서 처음으로 선보일 것이다.

11. Marlon ended up _____ in traffic for three hours.

말론은 결국 세 시간 동안 교통 체증에 갇혀 있었다.

12. Matthew got the go-ahead for his minimalist design of a client's _____.

매튜는 고객의 집에 대한 미니멀리즘적 디자인을 승인받았다.

13. Make the _____ comfortable while waiting for an ambulance.

구급차를 기다리는 동안 피해자를 편안하게 해 주세요.

14. Professor Craig is so _____ that many students drop out halfway.

크레이그 교수는 너무 엄격해서 많은 학생들이 중도에 수업을 철회한다.

15. Government officials enjoy special _____ that ordinary citizens do not.

정부 관리들은 일반 시민이 누리지 않는 특권을 누린다.

MEMO

Listening
VOCA

▶ MP3 바로 듣기

DAY 04

Target Words 알고 있는 단어에 체크해 보세요.

01	ability	☐	26	appreciate	☐
02	absorb	☐	27	approve	☐
03	accept	☐	28	aspect	☐
04	accommodate	☐	29	assignment	☐
05	accordingly	☐	30	assist	☐
06	achieve	☐	31	attach	☐
07	actually	☐	32	attain	☐
08	addition	☐	33	attend	☐
09	adjust	☐	34	authentic	☐
10	adopt	☐	35	authorized	☐
11	advance	☐	36	available	☐
12	affect	☐	37	average	☐
13	afford	☐	38	aware	☐
14	agenda	☐	39	awful	☐
15	agreement	☐	40	ban	☐
16	aim	☐	41	basis	☐
17	alert	☐	42	benefit	☐
18	alone	☐	43	besides	☐
19	ambience	☐	44	bid	☐
20	amount	☐	45	blame	☐
21	antiviral	☐	46	bond	☐
22	apparel	☐	47	borrow	☐
23	appealing	☐	48	brag	☐
24	appearance	☐	49	breed	☐
25	apply	☐	50	browse	☐

001

ability

[əbíləti]

= capability
= competence

圏 능력, 할 수 있음

Heather will practice her **ability** in Downing's art class. 〔1-1〕

헤더는 다우닝의 미술 수업에서 그녀의 **능력**을 연습할 것이다.

002

absorb

[əbzɔ́ːrb, əbsɔ́ːrb]

图 흡수하다, 흡수되다

The organic shampoo **absorbs** deep into one's skin. 〔2-3〕

유기농 샴푸는 피부 깊이 **흡수된다**.

003

accept

[əksépt]

acceptance
圏 수락, 승인

图 받아들이다   图 인정하다

The studio **accepts** students aged four and above. 〔7-2〕

그 스튜디오는 4세 이상의 학생들을 **받는다**.

004

accommodate

[əkámədèit]

accommodation
圏 숙박 시설

图 수용하다

The rooms each can **accommodate** up to 25 students. 〔7-2〕

이 연습실들은 각각 25명까지 학생들을 **수용할** 수 있다.

005

accordingly

[əkɔ́ərdiŋli]

= appropriately
= correspondingly
= properly

부 그에 따라, 그에 맞게

Dressing **accordingly** can make the interviewer think that you're already part of the company. `4-4`

그에 맞게 옷을 입는 것은 면접관이 당신이 이미 회사의 일원이라는 생각을 하게 만들 수 있다.

006

achieve

[ətʃíːv]

= accomplish
= attain

동 달성하다, 성취하다

Your current job is the best starting point for you to **achieve** your goals. `3-4`

당신의 현재 직업은 목표를 **달성하기** 위한 최고의 출발점이다.

007

actually

[ǽktʃuəli]

= really
= indeed

actual **형** 실제의, 사실의

부 사실, 실제로

The desserts **actually** tasted really good but they ran out quickly. `5-1`

그 디저트는 **사실** 맛이 정말 좋았지만 금방 동이 났다.

008

addition

[ədíʃən]

additional
형 추가적인

＊in addition 게다가, 추가로

명 추가, 더함

In **addition**, try to engage the interviewer in a two-way conversation. `4-4`

추가로, 면접관을 양방향 대화에 참여시키도록 하라.

009

adjust
[ədʒʌ́st]

= adapt

> 통 조절하다, 맞추다
>
> With a study group, I have to **adjust** my speed to everybody else's. 3-3
>
> 스터디 그룹에서는 내 속도를 다른 모든 사람의 속도에 **맞춰야** 한다.

010

adopt
[ədápt]

adoption
명 입양, 채택

> 통 입양하다   통 채택하다
>
> What kind of dog do you want to **adopt**? 4-1
>
> 어떤 종류의 개를 **입양하고** 싶나요?

011

advance
[ədvǽns]

* in advance 미리

> 명 진전, 발전   통 발전시키다, 진보하다
>
> Wake up early and leave your house well in **advance**. 4-4
>
> 일찍 일어나서 **미리** 집을 나서라.
>
> Use your position today to **advance** your career. 3-4
>
> 오늘 당신의 지위를 이용하여 경력을 **발전시켜라**.

012

affect
[əfékt]

= influence

> 통 영향을 미치다
>
> Our sense of smell powerfully **affects** our moods. 1-4
>
> 우리의 후각은 우리의 기분에 강력하게 **영향을 미친다**.

013

afford
[əfɔ́ːrd]

affordable
형 알맞은, 저렴한

동 (시간, 금전의) 여유가 있다

I wonder if I can **afford** to eat there. 7-1

내가 거기서 식사할 **여유가 있을지** 궁금하다.

014

agenda
[ədʒéndə]

명 안건, 의제

By the way, do you know the meeting's **agenda**? 7-3

그나저나 회의 **안건**을 아세요?

015

agreement
[əgríːmənt]

agree
동 동의하다, 합의하다

명 동의, 합의

Encourage the employees to make the **agreement** successful. 7-4

직원들이 **합의**를 성공시키도록 격려해라.

016

aim
[eim]

aimlessly
부 목표 없이

동 목표로 하다   명 목표

This course **aims** to help students to be able to speak and write in English. 6-2

이 코스는 학생들이 영어로 말하고 쓸 수 있도록 돕는 것을 **목표로 한다**.

017

alert

[ələ́:rt]

= warn

alertness
명 각성, 경각심

동 경고하다　형 민첩한

The German Shepherd has a powerful bark for **alerting** its owner. 4-1

독일 셰퍼드는 주인에게 **경고하기** 위해 강하게 짖는다.

They are **alert**, loyal, obedient, and fearless. 4-1

그것들은 **민첩하고**, 충성스럽고, 순종적이고, 겁이 없다.

018

alone

[əlóun]

부 단지 ~만, 홀로　형 혼자인

An evening dress **alone** can cost hundreds of dollars. 2-2

이브닝 드레스 **하나에만** 수백 달러가 들 수 있다.

I can study **alone** when preparing for short exams. 3-3

나는 단기 시험을 준비할 때 **혼자** 공부할 수 있다.

019

ambience

[ǽmbiəns]

= atmosphere
= setting

명 분위기

Buena Cibo has a delightful **ambience**. 7-1

부에나 시보는 즐거운 **분위기**를 가지고 있다.

020

amount

[əmáunt]

명 양　명 금액

Consider the noise levels and **amount** of privacy when choosing a place to talk. 7-4

이야기할 장소를 선택할 때 소음 수준과 프라이버시의 **양**을 고려하세요.

021

antiviral
[æntiváirəl]

형 항바이러스의

Some of them have antibacterial or **antiviral** properties.
1-4

그중 일부는 항균 또는 **항바이러스** 성질을 가지고 있다.

022

apparel
[əpǽrəl]

명 옷, 의복

They can get name-brand **apparel** at a fraction of the original price. 5-2

그들은 원가의 몇 분의 일 가격으로 유명 브랜드의 **옷**을 살 수 있다.

023

appealing
[əpíːliŋ]

appeal
동 호소하다

형 매력적인, 호소하는

You should learn more about design instruments to make drafts that look **appealing**. 3-2

매력적으로 보이는 초안을 만들기 위해 디자인 도구에 대해 더 알아야 한다.

024

appearance
[əpíərəns]

appear
동 나타나다, ~하게 보이다

명 외모, 등장

Your **appearance** is the first thing that the interviewer will notice. 4-4

면접관이 가장 먼저 알아챌 것은 당신의 **외모**이다.

025

apply
[əplái]

application
명 지원(서), 신청(서)

applicant
명 지원자

동 **지원하다**

Your educational background is well suited to the company you're **applying** to. `4-4`

당신의 학력은 **지원하려는** 회사에 잘 맞다.

동 **적용하다**

You will **apply** basic drawing techniques to illustrate your ideas. `3-2`

당신은 아이디어를 시각화하기 위해 기본 드로잉 기술들을 **적용할** 것이다.

동 **신청하다**

She will **apply** for a loan from the bank. `6-1`

그녀는 은행에 대출을 **신청할** 것이다.

026

appreciate
[əprí:ʃièit]

= acknowledge (인정하다)
= recognize (인식하다)

동 **(진가를) 인정하다, 인식하다**

Conflict can give us the chance to better **appreciate** another's point of view. `7-4`

갈등은 우리에게 다른 사람의 관점을 더 잘 **인식할** 기회를 줄 수 있다.

027

approve
[əprú:v]

approval
명 승인

동 **승인하다**

The school has been **approved** by a famous ballet club. `7-2`

그 학교는 유명 발레 클럽에 의해 **승인받았다**.

028
aspect
[ǽspekt]

명 측면, 양상

We talked a lot about the positive and negative **aspects** of both. 4-3

우리는 두 가지 모두의 긍정적인 측면과 부정적인 **측면**에 대해 많은 이야기를 나누었다.

029
assignment
[əsáinmənt]

assign
동 할당하다, 부여하다

명 과제, 숙제

You must finish **assignments** and pass tests. 4-3

숙제를 끝내고 시험에 통과해야 한다.

030
assist
[əsíst]

assistance
명 도움

동 돕다

It **assists** her with selecting the best tour package. 2-1

그것은 그녀가 최상의 여행 상품을 선택하는 데 **도움을 준다**.

031
attach
[ətǽtʃ]

attachment
명 부속품, 애착

동 붙이다, 부착하다

Photographers should **attach** a different kind of lens. 6-4

사진 찍는 사람들은 다른 종류의 렌즈를 **부착해야** 한다.

032

attain

[ətéin]

= accomplish

= achieve

동 달성하다, 이루다

Mentors can give you meaningful advice about how you can **attain** success. ◀ 3-4

멘토들은 당신이 성공을 **달성할** 수 있는 방법에 대한 의미 있는 조언을 해줄 수 있다.

033

attend

[əténd]

attendance
명 출석, 참석

동 참석하다, 다니다

Thank you for **attending** our photography seminar. ◀ 6-4

사진 세미나에 **참석해** 주셔서 감사합니다.

동 처리하다, 응대하다

They were very prompt in **attending** to the customers' requests. ◀ 7-1

그들은 고객의 요구에 매우 신속하게 **응대했다**.

034

authentic

[ɔːθéntik]

= genuine

= real

형 진짜인, 진정한

Unlike other sellers, our clothes are all **authentic**. ◀ 5-2

다른 판매자와 달리, 우리의 옷은 모두 **진품**이다.

035

authorized
[ɔ́:θəràizd]

= certified

형 승인된, 공인된

It is an **authorized** reseller. 5-2

그곳은 **공인된** 재판매 업체이다.

036

available
[əvéiləbəl]

= obtainable
= accessible

형 (사물 등이) 살 수 있는, 이용 가능한

You will make a realistic project design based on the **available** budget. 3-2

당신은 **이용 가능한** 예산에 기초하여 현실적인 프로젝트를 설계할 것이다.

037

average
[ǽvəridʒ]

* on average
평균적으로

명 평균

College costs an **average** of $25,000 a year. 4-3

대학은 1년에 **평균** 2만 5,000 달러 비용이 들게 한다.

038

aware
[əwέər]

= conscious

awareness
명 의식, 인식

형 알고 있는, 인지하는

What are some other problems I should be **aware** of? 5-3

내가 **알아야** 할 다른 문제는 무엇인가?

039

awful
[ɔ́ːfl]

형 끔찍한, 지독한

To keep from feeling **awful** on your first day back, schedule an activity you enjoy doing. `2-4`

돌아온 첫날 **끔찍함**을 느끼지 않기 위해, 여러분이 즐겨 하는 활동을 계획해라.

040

ban
[bæn]

= prohibit

동 막다, 금지하다

I'm thinking about **banning** social media sites in my office. `5-3`

나는 내 사무실에서 소셜미디어 사이트를 **막을까** 생각 중이다.

041

basis
[béisis]

명 기준, 근거, 기초

Don't make these incentives your **basis** for accepting a job. `3-4`

이런 인센티브를 직업을 수락하는 **기준**으로 삼지 마세요.

042

benefit
[bénifit]

= advantage
= merit

명 혜택, 이점 **동** 이롭게 하다

Another **benefit** is that social media sites can be great tools for problem solving. `5-3`

또 다른 **이점**은 소셜미디어 사이트가 문제 해결을 위한 훌륭한 도구가 될 수 있다는 것이다.

043

besides

[bisáidz]

= in addition
= moreover

부 게다가

Besides, I want to work at an IT company while taking classes. `4-3`

게다가, 나는 수업을 들으면서 IT 회사에서 일하고 싶다.

044

bid

[bid]

동 입찰하다

This will allow you to be successful when **bidding** for jobs. `3-2`

이것은 당신이 작업에 **입찰할** 때 성공할 수 있게 해 줄 것이다.

045

blame

[bleim]

동 ~를 탓하다, ~의 탓으로 돌리다

My parents **blamed** my C in French on my lack of a creative outlet. `1-1`

부모님은 프랑스어에서 C를 맞은 것을 나의 창의력 발산 부족 **탓으로 돌리셨다**.

046

bond

[band]

명 유대감, 결속

The team members have developed a strong **bond**. `3-4`

그 팀 멤버들은 강한 **유대감**을 키워왔다.

047

borrow

[bárou, bó:rou]

동 빌리다

She will **borrow** money from her friends. `6-1`

그녀는 친구들에게 돈을 **빌릴** 것이다.

048

brag

[bræg]

= boast
= show off

동 자랑하다

I don't mean to **brag**, but some say that I make the best cappuccino in town. `6-1`

자랑하려는 건 아니지만, 몇몇은 내가 이 동네에서 최고의 카푸치노를 만든다고 한다.

049

breed

[bri:d]

명 품종   **동** 기르다, 번식하다

I know that the **breed** can be easily trained. `4-1`

나는 그 **품종**이 쉽게 훈련될 수 있다는 것을 알고 있다.

050

browse

[brauz]

= scan
= look around

동 둘러보다   **동** 검색하다

You can **browse** through collections of dresses and accessories on our website. `2-2`

우리 웹사이트에서 드레스와 액세서리 컬렉션을 **둘러볼** 수 있다.

DAY 04 TEST

A 단어와 의미를 알맞게 연결하세요.

01. absorb ・　　　　　　　　　・ ① 조절하다, 맞추다

02. adjust ・　　　　　　　　　・ ② 이루다, 달성하다

03. apply ・　　　　　　　　　・ ③ 흡수하다, 흡수되다

04. attach ・　　　　　　　　　・ ④ 자랑하다

05. attain ・　　　　　　　　　・ ⑤ 신청하다, 적용하다

06. blame ・　　　　　　　　　・ ⑥ 붙이다, 부착하다

07. brag ・　　　　　　　　　・ ⑦ ~의 탓으로 돌리다

B 빈칸에 알맞은 단어를 보기에서 고르세요.

① accommodate	② achieve	③ alert
④ ambience	⑤ authentic	⑥ average
⑦ aware	⑧ browse	

08. They are _____, loyal, obedient, and fearless.
그것들은 민첩하고, 충성스럽고, 순종적이고, 겁이 없다.

09. The rooms each can _____ up to 25 students.
이 연습실들은 각각 25명까지 학생들을 수용할 수 있다.

10. Unlike other sellers, our clothes are all _____.
다른 판매자와 달리, 우리의 옷은 모두 진품이다.

11. Your current job is the best starting point for you to _____ your goals.

당신의 현재 직업은 목표를 달성하기 위한 최고의 출발점이다.

12. You can _____ through collections of dresses and accessories on our website.

우리 웹사이트에서 드레스와 액세서리 컬렉션을 둘러볼 수 있다.

13. College costs an _____ of $25,000 a year.

대학은 1년에 평균 2만 5,000 달러 비용이 들게 한다.

14. Buena Cibo has a delightful _____.

부에나 시보는 즐거운 분위기를 가지고 있다.

15. What are some other problems I should be _____ of?

내가 알아야 할 다른 문제는 무엇인가?

▶ MP3 바로 듣기

DAY 05

Target Words 알고 있는 단어에 체크해 보세요.

51	budget	☐	76	concentrate	☐
52	bump	☐	77	concern	☐
53	calm	☐	78	confidence	☐
54	cancel	☐	79	confidential	☐
55	capacity	☐	80	conflict	☐
56	capture	☐	81	conform	☐
57	career	☐	82	consist	☐
58	cause	☐	83	constantly	☐
59	certain	☐	84	consumer	☐
60	certificate	☐	85	contemporary	☐
61	charge	☐	86	content	☐
62	clear	☐	87	contrasting	☐
63	clutter	☐	88	convenient	☐
64	coincidence	☐	89	conversation	☐
65	combination	☐	90	cooperate	☐
66	comfortable	☐	91	cost	☐
67	command	☐	92	costly	☐
68	common	☐	93	counterpart	☐
69	compare	☐	94	countless	☐
70	competition	☐	95	creative	☐
71	completely	☐	96	customer	☐
72	compliment	☐	97	damage	☐
73	component	☐	98	deal	☐
74	compose	☐	99	decrease	☐
75	comprehend	☐	100	delay	☐

051

budget
[bʌ́dʒit]

명 예산

Students learn how to determine a landscaping **budget**. `3-2`

학생들은 조경 **예산**을 결정하는 방법을 배운다.

052

bump
[bʌmp]

동 부딪히다 **명** 혹, 쿵 소리

Bumping your head on the swimming pool wall can be embarrassing. `3-1`

수영장 벽에 머리를 **부딪히는** 것은 창피할 수도 있다.

053

calm
[kɑːm]

= relax

형 차분한, 침착한

How a room smells can make us feel **calm**, happy, tired, and irritated. `1-4`

방의 냄새는 우리를 **차분하게**, 행복하게, 피곤하게, 혹은 짜증나게 만들 수 있다.

동 진정하다

Talk about the issue after both employees have **calmed** down. `7-4`

두 직원 모두 **진정된** 후에 문제에 대해 이야기해라.

054

cancel
[kǽnsl]

cancellation
명 취소

동 취소하다

Some passengers **cancel** or change their flight at the last minute. ◀ 2-1

일부 승객들은 마지막 순간에 비행을 **취소하거나** 바꾼다.

055

capacity
[kəpǽsəti]

명 용량, 수용 능력

Overrun clothes are those that exceed store **capacity**.
◀ 2-1

오버런 의류란 저장고 **용량**을 초과하는 의류이다.

056

capture
[kǽptʃə(r)]

동 포착하다 동 붙잡다

Capturing experiences on camera can make people happier. ◀ 3-2

카메라로 경험을 **포착하는** 것이 사람들을 더 행복하게 할 수 있다.

057

career
[kəríər]

명 경력, 직업

Let me give some tips on how to start your **career** the right way. ◀ 3-4

경력을 올바르게 시작하는 방법에 대한 몇 가지 팁을 알려 드릴게요.

058

cause
[kɔːz]

= bring about
= give rise to
= lead to

통 일으키다, 초래하다   명 원인, 명분

The chemical can **cause** cancer when it builds up in the body.   1-4

그 화학 물질은 몸 속에 축적될 때 암을 **일으킬** 수 있다.

059

certain
[sə́ːrtn]

certainly
부 꼭, 틀림없이

형 어느 정도의, 특정한   형 확신하는

This self-awareness brings a **certain** level of peace and confidence.   1-2

이러한 자각은 **어느 정도 수준의** 평화와 자신감을 가져다 준다.

060

certificate
[sə́(ː)rtífikət]

명 증명서, 자격증

You can submit a photocopy of your **certificate** of participation in past lessons.   7-2

당신은 과거 강습 참여 **증명서** 사본을 제출할 수 있다.

061

charge
[tʃɑərdʒ]

통 충전하다   명 요금, 책임

The scooter's electric batteries can only be **charged** at the **charging** station.   4-2

스쿠터의 전기 배터리는 **충전소**에서만 **충전될** 수 있다.

통 청구하다, 부과하다

There's the added fees **charged** by the third-party payments company. 1-3

제3자 결제 회사에 의해 **부과되는** 추가 요금이 있다.

062

clear

[klir]

clearly
부 명확하게

형 명확한 형 맑은

You should ask questions if something is not **clear**. 4-4

어떤 것이 **명확하지** 않으면 질문을 해야 한다.

통 (마음 등을) 맑게 하다, 정리하다 통 치우다

When employees get tired, they can use social media to **clear** their heads. 5-3

직원들이 지쳤을 때, 머리를 **맑게 하기** 위해 소셜미디어를 사용할 수 있다.

063

clutter

[klʌ́tər]

명 어질러진 물건, 잡동사니

Get rid of distracting backgrounds and **clutter**. 6-4

산만한 배경과 **어질러진 물건**을 치워라.

064

coincidence

[kouínsidəns]

coincide
동 동시에 일어나다, 일치하다

명 우연, 우연의 일치

It's not a **coincidence** that many artists have produced masterpieces when they were alone. 1-2

많은 예술가들이 혼자 있었을 때 걸작을 만들어냈다는 것은 **우연**이 아니다.

065

combination

[kàmbənéiʃən]

combine
동 결합하다

명 조합, 결합

Street dance is a **combination** of hip hop, break dancing, and modern jazz. 7-2

스트리트 댄스는 힙합, 브레이크 댄스, 모던 재즈의 **조합**이다.

066

comfortable

[kʌ́mfərtəbl]

comfort
명 편안함, 위로 동 위로하다

형 편안한

It's very simple and **comfortable**. 7-1

그곳은 매우 단순하고 **편안하다**.

067

command

[kəmǽnd]

명 명령 동 명령하다

German Shepherds learn voice **commands** and hand signals quickly. 4-1

독일 셰퍼드는 음성 **명령**과 손 신호를 빨리 배운다.

068

common
[kámən]

commonly
부 흔하게, 일반적으로

형 흔한   **형** 공통의

Disagreements at work are **common** and cannot be avoided.   7-4
직장에서의 의견 불일치는 **흔하며** 피할 수 없다.

Find some **common** goal that they can agree on.   7-4
그들이 동의할 수 있는 몇 가지 **공통의** 목표를 찾아라.

069

compare
[kəmpέər]

comparison **명** 비교, 비유

comparable **형** 필적하는

동 비교하다

Landscapers can **compare** the quality of their products.   3-2
조경업자들은 제품의 품질을 **비교할** 수 있다.

070

competition
[kɑmpətíʃən]

compete
동 경쟁하다

competitor
명 경쟁자, 경쟁사

명 경쟁

The most common reasons for conflict are contrasting opinions and **competition**.   7-4
갈등의 가장 흔한 이유는 상반되는 의견과 **경쟁**이다.

명 대회

Are you planning to enter swimming **competitions**?
너는 수영 **대회**에 나갈 계획이니?   3-1

071

completely

[kəmplíːtli]

complete
튕 완성하다 · 혱 완전한

부 **완전히**

The first step is to understand your camera **completely**. ◀ 6-4

첫 번째 단계는 당신의 카메라를 **완전히** 이해하는 것이다.

072

compliment

[kámpləmənt]

명 **찬사, 칭찬**

Find your perfect dress and get ready to receive **compliments**! ◀ 2-2

완벽한 드레스를 찾고, **찬사**를 받을 준비를 하라!

073

component

[kəmpóunənt]

명 **성분, 구성요소**

The industrial fragrance **component** contains artificial ingredients. ◀ 1-4

산업용 향기 **성분**은 인공 성분을 함유하고 있다.

074

compose

[kəmpóuz]

* be composed of
  ~로 구성되다

동 **구성하다**

The fourth step is to **compose** your shots thoughtfully. ◀ 6-4

네 번째 단계는 신중하게 샷을 **구성하는** 것이다.

075

comprehend

[kàmprihénd]

comprehension
명 이해(력)

동 이해하다

Ask follow-up questions to make sure that you **comprehend** their position. 7-4

후속 질문을 해서 그들의 입장을 **이해하는지** 확인하라.

076

concentrate

[kánsəntrèit]

concentration
명 집중

동 집중하다

Concentrate on what each has to say. 7-4

각자 해야 할 말에 **집중하라**.

077

concern

[kənsə́:rn]

동 ~에 관련되다

You will learn about the legal matters that **concern** the landscape business. 3-2

당신은 조경 사업과 **관련된** 법적 문제에 대해 배울 것이다.

명 우려, 걱정

They should be aware of potential legal **concerns**. 3-2

그들은 잠재적 법적 **우려**를 인지해야 한다.

078

confidence

[kánfədəns]

confident
형 자신감 있는

명 **자신감**

Knowing you look your best for the interview creates **confidence**. `4-4`

면접을 위해 당신이 최고로 잘 보인다는 것을 아는 것은 **자신감**을 만들어낸다.

079

confidential

[kànfədénʃəl]

= secret

형 **기밀의, 비밀의**

Some hackers use social media sites to steal **confidential** business information. `5-3`

일부 해커들은 소셜미디어 사이트를 이용해 **기밀** 사업 정보를 빼내 간다.

080

conflict

[kánflikt]

= disagreement

명 **갈등**

When managed well, **conflict** will result in better ideas and decisions. `7-4`

갈등이 잘 관리될 때, **갈등**은 더 나은 아이디어와 결정들을 낳게 될 것이다.

081

conform

[kənfɔ́ːrm]

동 **순응하다**

We have a natural desire to **conform** to the expectations of others. `1-2`

우리는 다른 사람들의 기대에 **순응하려는** 자연적인 욕구를 가지고 있다.

082

consist
[kənsíst]

* consist of ~로 구성되다

동 구성되다

Our online store at first **consisted** of only two brands of casual wear. 5-2

우리 온라인 매장은 처음에는 캐주얼 의류 브랜드 2개로만 **구성되어** 있었다.

083

constantly
[kánstəntli]

constant
형 지속적인, 일정한

부 지속적으로, 계속

We have security personnel who **constantly** check the school grounds. 7-2

우리는 학교 운동장을 **지속적으로** 확인하는 보안 요원들이 있다.

084

consumer
[kənsú:mə(r)]

consume
동 소비하다, 섭취하다

명 소비자

Why don't you report the caterer to the local **consumer** protection agency? 5-1

그 출장연회 업체를 지역 **소비자** 보호 기관에 신고하는 게 어때요?

085

contemporary
[kəntémpərèri]

형 현대적인, 동시대의

I was surprised to find out that it has a very **contemporary** design. 7-1

나는 그곳이 매우 **현대적인** 디자인을 가지고 있다는 것을 알고 놀랐다.

086

content
[kɑ́ntent]

명 내용, 내용물

Artificial chemicals can mix with the **contents** of the plastic bottle. `1-4`

인공 화학 물질은 플라스틱 병의 **내용물**과 섞일 수 있다.

087

contrasting
[kɑ́ntræstiŋ]

* in(by) contrast
  대조적으로

형 상반되는, 반대되는

The most common reason for conflict between employees is **contrasting** opinions. `7-4`

직원들 간의 갈등의 가장 흔한 이유는 **상반되는** 의견이다.

088

convenient
[kənví:njənt]

convenience
명 편리, 편의 시설

형 편리한

I realized that attending the webinar is more **convenient**. `6-3`

나는 웨비나에 참석하는 것이 더 **편리하다는** 것을 깨달았다.

089

conversation
[kɑnvərséiʃən]

= talk
= dialogue

명 대화

Some people are easily upset by noisy **conversations**. `3-3`

어떤 사람들은 시끄러운 **대화**로 인해 쉽게 화가 난다.

090

cooperate
[kouápərèit]

cooperation
명 협력

동 협력하다, 협동하다

They'll be more willing to **cooperate** in finding a solution. 7-4

그들은 해결책을 찾는데 더 기꺼이 **협력할** 것이다.

091

cost
[kɔːst]

동 비용이 들게 하다 명 비용, 대가

An evening dress alone can **cost** hundreds of dollars. 2-2

이브닝 드레스 하나에만 수백 달러가 **들** 수 있다.

092

costly
[kɔːstli]

= expensive

형 비용이 많이 드는, 비싼

While it's fun to dress up every once in a while, it's also **costly**. 2-2

가끔 옷을 차려 입는 것은 재미있지만, **비용도 많이 든다**.

093

counterpart
[káuntərpɑərt]

명 동일한 것, 대응물

Why do overruns often have the same quality as their retail store **counterparts**? 5-2

오버런 의류는 왜 소매점의 **제품**과 종종 동일한 품질을 가지고 있는가?

094

countless
[káuntlis]

형 셀 수 없는, 무수한

Companies offer **countless** air freshening products in stores. 1-4

기업들은 매장에서 **수없이 많은** 방향제 제품을 제공한다.

095

creative
[kriéitiv]

creativity
명 창의성

형 창의적인

Spending time by yourself makes you more **creative**. 1-2

혼자 시간을 보내는 것은 당신을 더 **창의적으로** 만든다.

096

customer
[kʌ́stəmər]

명 고객

Providing free Internet will surely bring in more **customers** to the shop. 6-1

무료 인터넷을 제공하는 것은 분명 더 많은 **고객**을 가게로 데려올 것이다.

097

damage
[dǽmidʒ]

동 손상시키다 명 손상

Some overruns can be slightly **damaged** but the **damage** is barely noticeable. 5-2

일부 오버런은 약간 **손상되었을** 수 있지만 그 **손상**은 거의 눈에 띄지 않는다.

098

deal
[diːl]

동 다루다, 처리하다　**명** 거래

Conflict becomes harmful if not **dealt** with properly and quickly. 〈7-4〉

갈등은 적절하고 신속하게 **처리되지** 않으면 해로워진다.

099

decrease
[dikríːs, díːkriːs]

= reduce
= diminish

동 감소하다, 줄이다　**명** 감소, 하락

I'm sure their productivity **decreases** when they use those sites at work. 〈5-3〉

그들이 회사에서 그런 사이트를 이용하면 생산성이 분명 **감소할** 것이다.

100

delay
[diléi]

= postpone
= put off

* delay + ~ing

동 미루다, 연기하다　**명** 지연, 지체

Delay the smaller tasks for later in the day. 〈2-4〉

더 작은 작업들을 그날의 나중 시간대로 **미뤄라**.

A 단어와 의미를 알맞게 연결하세요.

01. cause ·   · ① 이해하다

02. compliment ·   · ② 초래하다, 원인

03. comprehend ·   · ③ 동일한 것, 대응물

04. concentrate ·   · ④ 칭찬, 찬사

05. consist ·   · ⑤ 감소하다, 줄이다

06. counterpart ·   · ⑥ 집중하다

07. decrease ·   · ⑦ 구성되다

B 빈칸에 알맞은 단어를 보기에서 고르세요.

① budget	② capacity	③ certificate
④ coincidence	⑤ confidence	⑥ confidential
⑦ conflict	⑧ contemporary	

08. Overrun clothes are those that exceed store _____.

오버런 의류란 저장고 용량을 초과하는 의류이다.

09. Students learn how to determine a landscaping _____.

학생들은 조경 예산을 결정하는 방법을 배운다.

10. It's not a _____ that many artists have produced masterpieces when they were alone.

많은 예술가들이 혼자 있었을 때 걸작을 만들어냈다는 것은 우연이 아니다.

11. Some hackers use social media sites to steal _____ business information.

일부 해커들은 소셜미디어 사이트를 이용해 기밀 사업 정보를 빼내 간다.

12. You can submit a photocopy of your _____ of participation in past lessons.

당신은 과거 강습 참여 증명서 사본을 제출할 수 있다.

13. I was surprised to find out that it has a very _____ design.

나는 그곳이 매우 현대적인 디자인을 가지고 있다는 것을 알고 놀랐다.

14. Knowing you look your best for the interview creates _____.

면접을 위해 당신이 최고로 잘 보인다는 것을 아는 것은 자신감을 만들어낸다.

15. When managed well, _____ will result in better ideas and decisions.

갈등이 잘 관리될 때, 갈등은 더 나은 아이디어와 결정들을 낳게 될 것이다.

MEMO

▶ MP3 바로 듣기

DAY 06

101	delete	☐	126	downside	☐
102	delightful	☐	127	draft	☐
103	delivery	☐	128	drift	☐
104	deposit	☐	129	eager	☐
105	description	☐	130	earn	☐
106	desire	☐	131	edition	☐
107	despite	☐	132	effect	☐
108	destination	☐	133	efficient	☐
109	determine	☐	134	electrical	☐
110	device	☐	135	electronic	☐
111	differentiate	☐	136	element	☐
112	dimly	☐	137	embarrassed	☐
113	dine	☐	138	emotion	☐
114	diploma	☐	139	employee	☐
115	direct	☐	140	enable	☐
116	disadvantage	☐	141	engage	☐
117	disagree	☐	142	enhance	☐
118	discipline	☐	143	enrich	☐
119	discount	☐	144	enroll	☐
120	discover	☐	145	ensure	☐
121	discuss	☐	146	entire	☐
122	distance	☐	147	equipment	☐
123	distinguish	☐	148	establish	☐
124	distracted	☐	149	evaluate	☐
125	donate	☐	150	excel	☐

101

delete
[dilíːt]

= erase
= remove

동 지우다, 삭제하다

They can **delete** any duplicate photos. 6-4

그들은 중복된 사진을 **삭제할** 수 있다.

102

delightful
[diláitfəl]

= pleasant

형 즐거운, 기분 좋은

Buena Cibo has a **delightful** ambience. 7-1

부에나 시보는 **즐거운** 분위기를 가지고 있다.

103

delivery
[dilívəri]

deliver
동 배송하다

명 배송 명 전달

You can expect the dress to arrive on the scheduled **delivery** day. 2-2

드레스가 예정된 **배송**일에 도착할 것으로 예상하면 됩니다.

104

deposit
[dipázit]

명 침전물, 퇴적물 명 보증금

The chemical has been shown to leave **deposits** in the internal organs. 2-3

그 화학 물질은 내부 장기에 **침전물**을 남기는 것으로 드러났다.

105

description

[diskrípʃən]

describe
동 묘사하다, 서술하다

명 설명, 묘사

All people see are several pictures and wordy **descriptions** of the product.　1-3

사람들이 보는 전부는 제품에 대한 몇 장의 사진과 장황한 **설명**뿐이다.

106

desire

[dizáiər]

* desire + to부정사

명 열망, 욕구　동 원하다, 바라다

Candidates should research the company to show their **desire** to join the company.　4-4

지원자들은 입사하고 싶은 **열망**을 보여주기 위해 회사를 연구해야 한다.

107

despite

[dispáit]

= in spite of

전 ~에도 불구하고

You may not feel your body heat rising **despite** the physical activity.　3-1

당신은 신체적 활동**에도 불구하고** 몸의 열이 오르는 것을 느끼지 못할 수도 있다.

108

destination

[dèstənéiʃən]

명 목적지

Those sites will show you the different airlines that have flights to your **destination**.　2-1

그 사이트들은 당신의 **목적지**로 가는 항공편이 있는 여러 항공사들을 보여 줄 것이다.

109

determine

[ditə́ːrmin]

* determine + to부정사

图 **결정하다** 图 **알아내다**

The class will teach you how to **determine** the planting areas. 3-2

이 수업은 조림지를 **결정하는** 방법에 대해 가르칠 것이다.

110

device

[diváis]

图 **장치, 기기**

Set up the **device** using its automatic mode. 6-4

자동 모드를 사용하여 **장치**를 설정해라.

111

differentiate

[difərénʃièit]

= distinguish

图 **차별화하다, 구별하다**

They should **differentiate** themselves from other candidates. 4-4

그들은 다른 지원자들로부터 자신을 **차별화시켜야** 한다.

112

dimly

[dímli]

图 **어둡게**

I was expecting that the restaurant would be **dimly** lit. 7-1

나는 그 식당이 **어둡게** 조명되어 있을 것이라고 예상하고 있었다.

113

dine
[dain]

동 식사하다

Next time I **dine** there, I'd like to try their classic lasagna. ▸ 7-1

다음에 그곳에서 **식사할** 때, 나는 클래식 라자냐를 먹어보고 싶다.

114

diploma
[diplóumə]

명 졸업장

I have a cousin who got her **diploma** online. ▸ 4-3

나는 온라인으로 **졸업장**을 받은 사촌이 있다.

115

direct
[dirékt]

direction
명 지시, 방향

동 안내하다, 지시하다 **형 직접적인**

You'll have to put up signs to **direct** people to your place. ▸ 1-3

사람들을 너의 집으로 **안내하기** 위해 표지판을 세워야 할 것이다.

116

disadvantage
[dìsədvǽntidʒ]

= downside

= drawback

명 단점, 불리한 점

What are some **disadvantages** of allowing social media in the workplace? ▸ 5-3

직장에서 소셜 미디어를 허용하는 것의 **단점들**은 무엇인가?

117

disagree

[disəgríː]

disagreement
명 의견 불일치

동 의견이 다르다, 일치하지 않다

Employees will **disagree** for many reasons. 7-4

직원들은 여러 가지 이유로 **의견이 다를** 것이다.

118

discipline

[dísəplin]

명 훈련, (학문의) 분야 동 훈육하다

This form of dance requires both **discipline** and personal style. 7-2

이런 형태의 춤은 **훈련**과 개인적인 스타일 둘 다 필요로 한다.

119

discount

[dískaunt, diskáunt]

명 할인 동 할인하다

I can help you get a **discount**. 6-1

저는 당신이 **할인**받도록 도와줄 수 있습니다.

120

discover

[diskʌ́vər]

discovery
명 발견

동 발견하다, 찾다

The members share helpful tips I may not **discover** on my own. 3-3

회원들은 나 혼자서는 **발견하지** 못할 수 있는 유용한 팁을 공유한다.

121

discuss
[diskʌ́s]

discussion
명 토론, 논의

동 논의하다, 상의하다

Why don't we **discuss** the pros and cons of each kind of seminar? `6-3`

각 세미나의 장단점에 대해 **논의해** 보는 게 어떨까요?

122

distance
[dístəns]

distant
형 (거리가) 먼

명 거리

I've tried the butterfly stroke but only for short **distances**. `3-1`

나는 접영을 해봤지만, 단**거리**만 해 봤다.

123

distinguish
[distíŋgwiʃ]

동 구별하다

One feature **distinguishes** Step-Up Dance Studio from other dance schools. `7-2`

한 특징이 스텝업 댄스 스튜디오를 다른 댄스 스쿨과 **구별 짓는다**.

124

distracted
[distrǽktid]

distraction
명 집중을 방해하는 것

형 산만해진, 집중이 흐트러진

My employees could get **distracted** by checking their social media. `5-3`

직원들은 소셜미디어를 확인하느라 **산만해질** 수도 있다.

125

donate
[dóuneit]

donation
명 기부(금)

동 기부하다, 기증하다

She is hesitant to **donate** her unused things. `1-3`

그녀는 사용하지 않는 물건을 **기부하는** 것을 망설이고 있다.

126

downside
[dáunsàid]

= drawback

명 단점

Another **downside** is that you have to drive to the venue. `6-3`

또 다른 **단점**은 행사장까지 차를 몰고 가야 한다는 것이다.

127

draft
[dræft]

U 초안, 초고

You will learn basic drawing techniques and create a first **draft** of your design. `3-2`

당신은 기본 드로잉 기술을 배우고 디자인의 **초안**을 작성할 것이다.

128

drift
[drift]

동 (물, 공기에) 떠다니다, 표류하다

It causes one to **drift** aimlessly. `3-1`

그것은 목적 없이 **표류하게** 한다.

129

eager

[íːgər]

= keen
= enthusiastic

형 열망하는

It makes partners **eager** to spend time together again. 1-2

그것은 파트너들이 다시 함께 시간을 보내기를 **열망하게** 한다.

130

earn

[əːrn]

동 (돈을) 벌다

All of you are eager to start **earning** your own money. 3-4

당신들은 모두 스스로 돈을 **벌기** 시작하기를 열망하고 있다.

동 (이득을) 얻다

It's been operating for six months now, but I haven't **earned** much profit. 6-1

그것은 지금 6개월째 운영 중인데 수익을 별로 **얻지** 못하고 있다.

131

edition

[idíʃən]

edit
동 편집하다, 수정하다

명 (출간된) 판, 호

We have to buy the revised **edition** if we want the latest version. 7-3

우리가 최신 버전을 원한다면 **개정판**을 사야 한다.

132

effect

[ifékt]

effective
형 효과적인

명 **효과, 영향, 결과**

The best flooring will give your balcony the **effect** of being outside. `5-4`

가장 좋은 바닥재는 발코니가 바깥에 있는 듯한 **효과**를 줄 것이다.

133

efficient

[ifíʃənt]

efficiently
부 효율적으로

형 **효율적인**

It's not **efficient**, and you'll only stress yourself out. `2-4`

그것은 **효율적이지도** 않고, 당신은 스트레스만 받을 것이다.

134

electrical

[iléktrikəl]

형 **전기의**

If there is no **electrical** outlet, you can use candles to light up the space. `5-4`

전기 콘센트가 없는 경우, 촛불을 사용하여 공간을 밝게 할 수 있다.

135

electronic

[ilektránik]

형 **전자의**

Some look for broken **electronic** items that can be fixed and resold. `1-3`

어떤 사람들은 고쳐서 다시 팔 수 있는 고장 난 **전자** 제품들을 찾는다.

136

element
[éləmənt]

명 요소, 요인   **명** 비바람, 악천후

Our instructors teach students about the dance **elements**. `7-2`

우리 강사은 학생들에게 춤의 **요소**에 대해 가르친다.

137

embarrassed
[imbǽrəst]

embarrassment
명 난처함

형 난처한, 당황한

I felt a little **embarrassed** that I didn't have enough cupcakes for everyone. `5-1`

나는 모두에게 줄 만큼 컵케이크가 충분하지 않아서 조금 **난처했다**.

138

emotion
[imóuʃən]

emotional
형 감정적인

명 감정

Employees can't think clearly if their **emotions** are running high. `7-4`

직원들은 자신의 **감정**이 고조되고 있다면 명확하게 생각할 수 없다.

139

employee
[implóii:]

employer
명 고용주

명 직원

You should train your **employees** to use social media responsibly. `5-3`

당신은 **직원들**이 소셜미디어를 책임감 있게 사용하도록 교육해야 한다.

140

enable
[inéibl]

* enable + 목적어 + to부정사

동 가능하게 하다

It **enables** one to take photos more quickly. 6-4

그것은 사진을 더 빨리 찍을 **수 있게 해준다**.

141

engage
[ingéidʒ]

engaged
형 ~에 몰두하는, 바쁜

동 참여시키다

Try to **engage** the interviewer in a two-way conversation. 4-4

면접관을 쌍방향 대화에 **참여시키도록** 해라.

142

enhance
[inhǽns]

= reinforce
= improve

동 강화하다, 증진시키다

Having some private time **enhances** your relationships. 1-2

사적인 시간을 가지는 것은 당신의 관계를 **증진시킨다**.

143

enrich
[inrítʃ]

동 풍부하게 하다

A good organic shampoo will **enrich** the hair and scalp with vitamins. 2-3

좋은 유기농 샴푸는 머리카락과 두피에 비타민을 **풍부하게** 할 것이다.

144

enroll

[inróul]

= register

enrollment
명 등록

동 등록하다, 등록시키다

My parents **enrolled** me in Susan Downing's art class. 1-1

부모님이 나를 수잔 다우닝의 미술 수업에 **등록시켰다**.

145

ensure

[inʃúər]

= make sure

동 보장하다, 확실히 ~하게 하다

This will **ensure** that the lens does not move while you take the shot. 6-4

이것은 사진을 찍는 동안 렌즈가 **확실히** 움직이지 않**게 한다**.

146

entire

[intáiər]

entirely
부 완전히

형 전체의

You don't have to pay anything for the **entire** year. 4-2

당신은 1년 **내내** 아무 비용도 지불하지 않아도 된다.

147

equipment

[ikwípmənt]

명 장비

Learning the techniques can be more important than the **equipment** you use. 6-4

기술을 배우는 것이 당신이 사용하는 **장비**보다 더 중요할 수 있다.

148

establish

[istǽbliʃ]

동 설립하다, 구축하다

All of you are eager to get your first job and **establish** a career. `3-4`

여러분 모두가 첫 직장을 얻고 경력을 **쌓기를** 열망하고 있다.

149

evaluate

[ivǽljuèit]

evaluation
명 평가

동 평가하다

The first thing that you should do for an interview is to **evaluate** yourself. `4-4`

면접을 위해 가장 먼저 해야 할 일은 스스로를 **평가하는** 것이다.

150

excel

[iksél]

excellent
형 탁월한, 우수한

동 뛰어나다, 탁월하다

You likely won't **excel** in a job that doesn't interest you. `3-4`

당신은 흥미를 일으키지 않는 직업에서는 **탁월하지** 않을 것이다.

A 단어와 의미를 알맞게 연결하세요.

01. deposit ·	· ① 결정하다
02. determine ·	· ② 구별하다
03. discipline ·	· ③ 평가하다
04. distinguish ·	· ④ 훈육하다, 훈련
05. enhance ·	· ⑤ 침전물, 보증금
06. enroll ·	· ⑥ 강화하다, 증진시키다
07. evaluate ·	· ⑦ 등록시키다

B 빈칸에 알맞은 단어를 보기에서 고르세요.

① dine	② destination	③ diploma
④ distracted	⑤ downside	⑥ eager
⑦ efficient	⑧ embarrassed	

08. I have a cousin who got her _____ online.

나는 온라인으로 졸업장을 받은 사촌이 있다.

09. Another _____ is that you have to drive to the venue.

또 다른 단점은 행사장까지 차를 몰고 가야 한다는 것이다.

10. Next time I _____ there, I'd like to try their classic lasagna.

다음에 그곳에서 식사할 때, 나는 클래식 라자냐를 먹어보고 싶다.

11. It makes partners _____ to spend time together again.

그것은 파트너들이 다시 함께 시간을 보내기를 열망하게 한다.

12. It's not _____, and you'll only stress yourself out.

그것은 효율적이지도 않고, 당신은 스트레스만 받을 것이다.

13. Those sites will show you the different airlines that have flights to your _____.

그 사이트들은 당신의 목적지로 가는 항공편이 있는 여러 항공사들을 보여줄 것이다.

14. My employees could get _____ by checking their social media.

나의 직원들은 소셜미디어를 확인하느라 산만해질 수도 있다.

15. I felt a little _____ that I didn't have enough cupcakes for everyone.

니는 모두에게 줄 민큼 깁케이ㅋ가 충분하지 않아서 ㅊ금 닌저헸다.

DAY 07

Target Words 알고 있는 단어에 체크해 보세요.

151 **excess** ☐	176 **furthermore** ☐
152 **exchange** ☐	177 **gather** ☐
153 **existing** ☐	178 **generous** ☐
154 **expand** ☐	179 **glow** ☐
155 **expectation** ☐	180 **goods** ☐
156 **expend** ☐	181 **gradually** ☐
157 **expert** ☐	182 **grainy** ☐
158 **expose** ☐	183 **greasy** ☐
159 **fabric** ☐	184 **groom** ☐
160 **failure** ☐	185 **growth** ☐
161 **fairly** ☐	186 **guarantee** ☐
162 **fancy** ☐	187 **guidance** ☐
163 **fault** ☐	188 **habit** ☐
164 **fear** ☐	189 **handle** ☐
165 **fee** ☐	190 **harmful** ☐
166 **fertilizer** ☐	191 **harsh** ☐
167 **field** ☐	192 **hesitant** ☐
168 **fit** ☐	193 **ideal** ☐
169 **flexible** ☐	194 **identify** ☐
170 **form** ☐	195 **illusion** ☐
171 **fortune** ☐	196 **illustrate** ☐
172 **fraction** ☐	197 **imitate** ☐
173 **fragrance** ☐	198 **impact** ☐
174 **fuel** ☐	199 **impression** ☐
175 **function** ☐	200 **improve** ☐

151

excess
[iksés]

형 초과한, 과도한　명 초과, 과잉

It only removes the **excess** oil that makes your hair greasy.　2-3

그것은 머리카락을 기름지게 만드는 **초과한** 기름을 제거해 줄 뿐이다.

152

exchange
[ikstʃéindʒ]

동 교환하다　명 교환

You can **exchange** your dress for another.　2-2

당신은 드레스를 다른 것으로 **교환할** 수 있다.

153

existing
[igzístiŋ]

exist 동 존재하다

existence 명 존재

형 기존의, 존재하는

You'll be familiar with the **existing** landscaping service rates.　3-2

당신은 **기존** 조경 서비스 요금에 익숙해질 것이다.

154

expand
[ikspǽnd]

expansion
명 확장

동 확장하다

You'll get to meet new people with similar interests and **expand** your network.　6-3

당신은 비슷한 관심사를 가진 새로운 사람들을 만나서 네트워크를 **확장하게** 될 것이다.

155

expectation

[èkspektéiʃən]

expect
동 기대하다

명 기대

Set reasonable **expectations** for yourself. 2-4

스스로에 대한 합리적인 **기대**를 설정해라.

156

expend

[ikspénd]

expensive
형 비싼

동 소비하다, 지출하다

You won't **expend** as much energy when handling the scooter. 4-2

당신은 그 스쿠터를 몰 때 그렇게 많은 에너지를 **소비하지** 않을 것이다.

157

expert

[ékspə:rt]

expertise
명 전문 지식, 전문 기술

명 전문가

Since you're an HR **expert**, I thought I'd ask your opinion first. 5-3

당신이 인사 **전문가**이기 때문에 나는 먼저 당신의 의견을 물어봐야겠다고 생각했다.

158

expose

[ikspóuz]

exposure
명 노출

동 노출시키다

It **exposes** your company to security risks. 5-3

그것은 당신의 회사를 보안 위험에 **노출시킨다**.

159

fabric

[fǽbrik]

명 천, 직물

You knew the egg and the **fabric** were white. `1-1`

당신은 달걀과 **천**이 흰색인 것을 알고 있었다.

160

failure

[féiljər]

fail

동 실패하다, 낙제하다

명 실패

Taking risks may result in **failure**. `3-4`

위험을 무릅쓰는 것은 **실패**로 귀결될 수도 있다.

161

fairly

[fέərli]

fair

형 공정한

부 공정하게, 타당하게

The food is **fairly** priced. `7-1`

그 음식은 **타당하게** 가격이 책정되어 있다.

162

fancy

[fǽnsi]

형 화려한, 고급의 **명** 공상

We have special events to attend on occasion: black-tie weddings and **fancy** birthday parties. `2-2`

우리는 가끔 참석해야 할 특별한 행사로 예복을 입는 결혼식, **화려한** 생일파티 등이 있다.

163

fault
[fɔːlt]

명 잘못, 책임, 결점

They understood that it wasn't your **fault**. `5-1`

그들은 그것이 네 **잘못**이 아니라고 이해했다.

164

fear
[fíər]

fearless
형 두려움이 없는

명 두려움, 겁

It is **fear** of failure that prevents many people from taking chances. `3-4`

많은 사람들이 기회를 잡지 못하게 막는 것은 실패에 대한 **두려움**이다.

165

fee
[fiː]

명 요금, 학비

This will allow you to set attractive service **fees** without sacrificing quality. `3-2`

이것은 품질을 희생하지 않고 매력적인 서비스 **요금**을 책정할 수 있도록 해 줄 것이다.

166

fertilizer
[fə́ːrtəlàizər]

명 비료

You'll know the proper way of applying **fertilizer**. `3-2`

당신은 **비료**를 사용하는 적절한 방법을 알게 될 것이다.

167

field
[fiːld]

명 분야, 현장

An online school teaches students about the whole **field**. `4-3`

온라인 학교는 학생들에게 그 **분야**의 전반에 대해 가르친다.

168

fit
[fit]

동 맞다 **형** 적합한, 건강한

The dress will **fit** you perfectly. `2-2`

그 드레스는 당신에게 꼭 **맞을** 것이다.

The activities are more **fit** for daily use. `6-2`

그 활동들은 일상 용도에 더 **적합하다**.

169

flexible
[fléksəbl]

= pliable
= elastic

형 유연한, 융통성 있는

Having a more **flexible** schedule is another advantage of online education. `4-3`

더 **유연한** 일정을 갖는 것은 온라인 교육의 또 다른 장점이다.

170

form
[fɔːrm]

formal
형 형식적인, 공식적인

명 형식, 형태, 양식

You can tell me the advantages and disadvantages of both **forms** of education. `4-3`

당신은 나에게 두 교육 **형식**의 장점과 단점을 말해 줄 수 있다.

동 형성하다, 만들다

It would be nice to **form** study groups with other students. `4-3`

다른 학생들과 함께 스터디 그룹을 **만드는** 것이 좋을 것 같다.

171

fortune

[fɔ́ərtʃən, fɔ́ːrtʃuːn]

fortunate
형 운 좋은, 다행인

명 재산, 거금, 운

You won't have to spend a **fortune** to wear the right one for a night. `2-2`

당신은 하룻밤 동안 제대로 된 것을 입기 위해 **거금**을 쓸 필요가 없다.

172

fraction

[frǽkʃən]

명 분수, 부분, 일부

They can get name-brand apparel at a **fraction** of the original price. `5-2`

그들은 원가의 **몇 분의 일** 가격으로 유명 브랜드의 옷을 살 수 있다.

173

fragrance

[fréigrəns]

fragrant
형 향기로운

명 향기

Essential oils aren't just good for their **fragrance**. `1-4`

에센셜 오일은 단지 **향기**만 좋은 것이 아니다.

174

fuel
[fjúːəl]

명 연료　**동** 연료를 넣다, 기름을 붓다

Airlines need to pay for the **fuel**, the crew onboard, and other air travel expenses.　2-1

항공사들은 **연료**와 탑승 승무원, 기타 항공 여행 경비들을 지불해야 한다.

175

function
[fʌ́ŋkʃən]

명 기능

If your photos come out poorly, start experimenting with the camera's manual **functions**.　6-4

사진이 제대로 나오지 않는다면 카메라의 수동 **기능**을 실험하기 시작해라.

176

furthermore
[fə́ːrðərmɔ̀ːr]

= moreover
= besides

부 게다가

Furthermore, it's difficult to have a meaningful discussion if one or both are angry.　7-4

게다가, 둘 중 한 명이나 둘 다 화나 있다면 의미 있는 토론을 하는 것은 어렵다.

177

gather
[gǽðər]

gathering
명 모임, 수집

동 모으다, 수집하다

The first step is to **gather** the materials and ingredients needed.　1-4

첫 번째 단계는 필요한 물질과 재료를 **모으는** 것이다.

178

generous
[dʒénərəs]

= lavish

형 관대한, 후한

John gave the waiters a **generous** tip. `7-1`

존은 종업원들에게 **후한** 팁을 주었다.

179

glow
[glou]

명 불빛 **동** 은은하게 빛나다

You can use low-wattage bulbs for a warm **glow**. `5-4`

따뜻한 **빛**을 내기 위해 낮은 와트의 전구를 사용할 수 있다.

180

goods
[gudz]

= merchandise
= product

명 물건, 상품

You can enjoy free shipping when you buy more than fifty dollars' worth of **goods**. `5-2`

50달러어치 이상의 **물건**을 사면 무료 배송을 누릴 수 있다.

181

gradually
[grǽdʒuəli]

부 서서히, 점점

Beginners move on **gradually** to the more difficult forms of dance. `7-2`

초보자들은 **서서히** 더 어려운 형태의 춤으로 넘어간다.

182

grainy
[gréini]

grain
명 결, 알갱이, 입자

형 선명하지 못한, 거친

Photos will turn out dark and **grainy** if taken when there's not enough light. ◀ 6-4

빛이 충분하지 않을 때 사진을 찍으면 사진이 어둡고 **선명하지 못하게** 된다.

183

greasy
[grí:si]

= oily

형 기름진

The excess oil makes your hair **greasy**. ◀ 2-3

초과된 기름은 당신의 머리카락을 **기름지게** 만든다.

184

groom
[gru:m]

통 ~의 털을 손질하다, 다듬다

The breed needs very little **grooming**. ◀ 4-1

그 종은 **털 손질**이 거의 필요하지 않다.

185

growth
[grouθ]

grow
통 자라다, 성장하다

명 성장

Lemon can slow down the **growth** of some bacteria. ◀ 1-1

레몬은 몇몇 박테리아의 **성장**을 늦출 수 있다.

186

guarantee
[gǽrəntíː]

= assure
= ensure

동 보장하다, 보증하다 **명 보장**

We **guarantee** that the dress will fit you perfectly. 2-2

우리는 그 드레스가 당신에게 꼭 맞을 것을 **보장한다**.

187

guidance
[gáidns]

guide
동 지도하다, 안내하다

명 지도, 안내

Ask them questions and seek their **guidance**. 3-4

그들에게 질문하고 **안내**를 구하세요.

188

habit
[hǽbit]

habitual
형 습관적인, 상습적인

명 습관

Try to do things according to your own work **habits**. 2-4

본인의 업무 **습관**에 따라 일을 하도록 하세요.

189

handle
[hǽndl]

동 다루다, 대처하다 **명 손잡이**

How you **handle** conflict can determine whether it'll bring positive or negative results. 7-4

갈등을 어떻게 **다루느냐가** 그것이 긍정적인 또는 부정적인 결과를 가져올지를 결정할 수 있다.

190

harmful

[hάːrmfəl]

harm
동 해를 끼치다

형 **해로운**

Conflict becomes **harmful** if not dealt with properly and quickly. 7-4

갈등은 적절하고 신속하게 처리되지 않으면 **해로워**진다.

191

harsh

[hɑːrʃ]

형 **혹독한, 독한**

Plants may blow over during **harsh** weather. 5-4

식물들은 **혹독한** 날씨 동안 넘어질 수도 있다.

192

hesitant

[hézitənt]

hesitate
동 주저하다, 망설이다

형 **망설이는, 주저하는**

She is **hesitant** to donate her unused things. 1-3

그녀는 사용하지 않는 물건 기부를 **망설이고** 있다.

193

ideal

[aidíːəl]

형 **이상적인**

An artificial grass carpet can be **ideal** for a balcony's flooring. 5-4

인조 잔디 카펫은 발코니의 바닥재로 **이상적**일 수 있다.

194

identify

[aidéntəfài]

identification
명 식별, 신분 증명

동 식별하다, 구별하다

You'll learn how to **identify** some new plants. 3-2

당신은 몇몇 새로운 식물을 **식별하는** 방법을 배울 것이다.

195

illusion

[ilú:ʒən]

= misconception

= delusion

명 착각, 환상

An artificial grass carpet gives an **illusion** of being outdoors. 5-4

인조 잔디 카펫은 마치 야외에 있는 것 같은 **착각**을 일으킨다.

196

illustrate

[íləstrèit]

동 시각화하다, 예증하다

You will apply basic drawing techniques to **illustrate** your ideas. 3-2

당신은 기본 드로잉 기술들을 적용해서 아이디어를 **시각화할** 것이다.

197

imitate

[ímətèit]

imitation 명 흉내, 모방

동 흉내 내다, 모방하다

Imitate the outdoors and make the balcony more refreshing. 5-4

야외를 **모방하여** 발코니를 더욱 상쾌하게 만드세요.

198

impact

[ímpækt]

= influence

명 영향

With so many people shampooing around the world, the **impact** on the planet must be huge. `2-3`

전 세계적으로 많은 사람들이 샴푸를 하고 있기 때문에, 지구에 미치는 **영향**은 매우 클 것이다.

199

impression

[impréʃən]

impress
동 ~에게 깊은 인상을 주다

명 인상

Arriving late creates a bad first **impression**. `4-4`

늦게 도착하는 것은 좋지 않은 첫**인상**을 주게 된다.

200

improve

[imprúːv]

improvement
명 개선

동 개선되다, 향상시키다

I can save up again once the coffee shop's sales **improve**. `6-1`

일단 커피숍 매출이 **개선되면** 나는 다시 저축할 수 있다.

DAY 07 TEST

A 단어와 의미를 알맞게 연결하세요.

01. expand ·   · ① 노출시키다

02. expend ·   · ② 확장하다

03. expose ·   · ③ 보장하다, 보장

04. guarantee ·   · ④ 소비하다, 지출하다

05. identify ·   · ⑤ 흉내 내다, 모방하다

06. imitate ·   · ⑥ 개선되다, 향상시키다

07. improve ·   · ⑦ 식별하다, 구별하다

B 빈칸에 알맞은 단어를 보기에서 고르세요.

① excess	② fertilizer	③ fraction
④ generous	⑤ grainy	⑥ harmful
⑦ hesitant	⑧ illusion	

08. You'll know the proper way of applying _____.

당신은 비료를 사용하는 적절한 방법을 알게 될 것이다.

09. John gave the waiters a _____ tip.

존은 종업원들에게 후한 팁을 주었다.

10. They can get name-brand apparel at a _____ of the original price.

그들은 원가의 몇 분의 일 가격으로 유명 브랜드의 옷을 살 수 있다.

11. She is _____ to donate her unused things.

그녀는 사용하지 않는 물건을 기부하는 것을 망설이고 있다.

12. It only removes the _____ oil that makes your hair greasy.

그것은 머리카락을 기름지게 만드는 초과한 기름을 제거해 줄 뿐이다.

13. Conflict becomes _____ if not dealt with properly and quickly.

갈등은 적절하고 신속하게 처리되지 않으면 해로워진다.

14. Photos will turn out dark and _____ if taken when there's not enough light.

빛이 충분하지 않을 때 사진을 찍으면 사진이 어둡고 선명하지 못하게 된다.

15. An artificial grass carpet gives an _____ of being outdoors.

인조 잔디 카펫은 마치 야외에 있는 것 같은 착각을 일으킨다.

정답 **1** ② **2** ④ **3** ① **4** ③ **5** ⑦ **6** ⑤ **7** ⑥ **8** ② **9** ④ **10** ③ **11** ⑦ **12** ① **13** ⑥ **14** ⑤ **15** ⑧

▶ MP3 바로 듣기

DAY 08

Target Words 알고 있는 단어에 체크해 보세요.

201 **impulse** ☐	226 **leading** ☐
202 **include** ☐	227 **lecture** ☐
203 **income** ☐	228 **legal** ☐
204 **increase** ☐	229 **limitation** ☐
205 **industrial** ☐	230 **loan** ☐
206 **ingredient** ☐	231 **local** ☐
207 **injury** ☐	232 **location** ☐
208 **innovative** ☐	233 **loose** ☐
209 **insert** ☐	234 **lower** ☐
210 **install** ☐	235 **lung** ☐
211 **instead** ☐	236 **maintenance** ☐
212 **institution** ☐	237 **masterpiece** ☐
213 **instruction** ☐	238 **match** ☐
214 **instrument** ☐	239 **material** ☐
215 **insurance** ☐	240 **mature** ☐
216 **intentionally** ☐	241 **mean** ☐
217 **interact** ☐	242 **measure** ☐
218 **intermediate** ☐	243 **mediator** ☐
219 **internal** ☐	244 **mixture** ☐
220 **involved** ☐	245 **monitor** ☐
221 **irritation** ☐	246 **motivate** ☐
222 **join** ☐	247 **natural** ☐
223 **landscape** ☐	248 **nearly** ☐
224 **lately** ☐	249 **necessary** ☐
225 **latest** ☐	250 **negative** ☐

201

impulse

[ímpʌls]

impulsive
형 충동적인

명 충동

People buy things that appeal to their senses on **impulse** at yard sales. 1-3

사람들은 야드 세일에서 감각에 호소하는 물건들을 **충동**적으로 산다.

202

include

[inklú:d]

동 포함하다, 함유하다

The basic things **include** flooring and wall paint. 5-4

기본적인 것들은 바닥재와 벽 페인트를 **포함한다**.

203

Income

[ínkʌm]

= revenue
= earnings

명 수입

You'll need the skills to make landscape design a source of **income**. 3-2

당신은 조경 디자인을 **수입**원으로 만들기 위한 기술이 필요할 것이다.

204

increase

[inkrí:s, ínkri:s]

동 올리다, 증가시키다   명 인상, 증가

Maybe you can do something to **increase** your sales.

당신은 매출을 **올리기** 위해 뭔가 할 수 있을지도 모른다. 6-1

We're going to discuss the tuition fee **increase**. 7-3

우리는 수업료 **인상**에 대해 논의할 것이다.

205

industrial
[indʌ́striəl]

industry
명 산업

형 산업의, 산업용

Another is the **industrial** fragrance component. 1-4

또 다른 것은 **산업용** 향기 성분이다.

206

ingredient
[ingríːdiənt]

명 재료, 성분

Organic shampoo has all-natural **ingredients**. 2-3

유기농 샴푸는 완전 천연 **성분**을 가지고 있다.

207

injury
[índʒəri]

injure
동 부상을 입히다, 부상을 입다

명 부상

It could possibly lead to an **injury**. 3-1

그것은 **부상**을 초래할 수 있다.

208

innovative
[ínəvèitiv, -vətiv]

innovate
동 혁신하다

형 혁신적인, 획기적인

I've come here to tell you about our latest and most **innovative** product. 4-2

저는 여러분에게 우리의 최신이며 가장 **혁신적인** 제품에 대해 얘기하려고 여기에 왔습니다.

209

insert
[insə́:rt]

동 끼우다

Insert empty batteries into the holding slots. `4-2`

빈 배터리들을 고정 슬롯에 **끼우세요.**

210

install
[instɔ́:l]

동 설치하다

I can **install** a firewall system to protect against viruses. `5-3`

나는 방화벽 시스템을 **설치해서** 바이러스로부터 보호할 수 있다.

211

instead
[instéd]

* instead of ~대신에

부 대신에

I put it on an online auction **instead**. `1-3`

나는 **대신** 그것을 온라인 경매에 내놓았다.

212

institution
[instətjú:ʃən]

명 기관, 협회

The school is certified as an **institution** for teaching English. `6-2`

그 학교는 영어를 가르치는 **기관**으로 인증받았다.

213

instruction
[instrʌ́kʃən]

instruct
동 지시하다, 지도하다

instructor
명 강사

명 교육, 훈련

The camp is a two-week program of English language **instruction** for kids. 6-2

이 캠프는 어린이를 위한 2주 간의 영어 **교육** 프로그램이다.

명 설명서, 지시

If you don't have a printed manual, search the Internet for **instructions**. 6-4

인쇄된 메뉴얼이 없다면 인터넷에서 **설명서**를 검색해라.

214

instrument
[ínstrəmənt]

명 도구, 기구

The class will introduce you to the different drawing **instruments**. 3-2

이 수업은 다양한 드로잉 **도구**를 소개할 것이다.

215

insurance
[inʃúərəns]

명 보험

All prices you see include the dress rental, delivery, and **insurance** for minor damage. 2-2

당신이 보는 모든 가격에는 드레스 대여, 배송 및 경미한 손상에 대한 **보험**이 포함된다.

216

intentionally

[inténʃənəli]

intentional
형 의도적인

부 의도적으로, 고의로

The damaged tags are either cut or marked **intentionally**. 〈5-2〉

손상된 태그들은 **의도적으로** 절단되거나 표시된 것이다.

217

interact

[intərǽkt]

interaction
명 상호작용

동 교류하다, 상호작용하다

Students will have the opportunity to **interact** with people from other countries. 〈6-2〉

학생들은 다른 나라에서 온 사람들과 **교류할** 수 있는 기회를 가지게 된다.

218

intermediate

[intərmíːdiət]

형 중급의

The dance program is offered in three levels: beginner, **intermediate**, and advanced. 〈7-2〉

그 댄스 프로그램은 초급, **중급**, 고급의 세 레벨로 제공된다.

219

internal

[intə́ːrnl]

형 내부의

It has been shown to leave deposits in the **internal** organs. 〈2-3〉

그것은 **내부** 장기에 침전물을 남기는 것으로 드러났다.

220

involved
[inváːlvd]

형 관여하는, 연루된   형 몰두하는

They should not get **involved** in quarrels. 〈7-4〉
그들은 분쟁에 **관여해서는** 안 된다.

The apps encourage students to get **involved** with the material. 〈7-3〉
그 앱은 학생들이 자료에 **몰두하도록** 장려한다.

221

irritation
[irətéiʃən]

irritate
동 짜증나게 하다, 자극하다

명 자극, 과민, 짜증

SLS has many side effects such as hair loss and skin **irritation**. 〈2-3〉
SLS는 탈모와 피부 **자극**과 같은 많은 부작용을 가지고 있다.

222

join
[ʤɔin]

동 가입하다, 함께 하다

I wasn't a good swimmer until I **joined** the club. 〈3-1〉
나는 클럽에 **가입하기** 전까지는 수영을 잘 못했다.

223

landscape
[lǽndskeip]

명 조경, 풍경

You have to know the concepts to run a successful **landscape** design business. 〈3-2〉
성공적인 **조경** 설계 사업을 운영하기 위해서는 그 개념을 알아야 한다.

224

lately

[léitli]

= recently

부 최근에

What have you been doing **lately**? `3-1`

최근에 무엇을 하며 지내고 있나요?

225

latest

[léitist]

형 최신의

Our **latest** project is an exciting new product that we can't wait to introduce to you. `4-2`

우리의 **최신** 프로젝트는 여러분에게 빨리 소개하고 싶은 흥미진진한 신제품입니다.

226

leading

[líːdiŋ]

형 주도적인, 선도적인

"Theatrical ballet" prepares students for **leading** roles in ballet performances. `7-2`

'연극 발레'는 학생들이 발레 공연에서 **주도적인** 역할을 할 수 있도록 준비시킨다.

227

lecture

[léktʃər]

명 강의, 강연

All I have to do is listen to the **lecture** from my computer. `6-3`

내가 해야 할 일은 컴퓨터로 **강의**를 듣는 것뿐이다.

228

legal
[líːgəl]

형 법적인

You will learn about the licenses, taxes, and other **legal** matters. 3-2

당신은 면허, 세금 및 기타 **법적** 문제에 대해 배울 것이다.

229

limitation
[limitéiʃən]

limit
통 제한하다, 한정하다

명 한계, 제한

It frees you from the **limitations** caused by a natural desire. 1-2

그것은 자연적인 욕구에서 생기는 **한계**로부터 당신을 해방시켜 준다.

230

loan
[loun]

명 대출

You can get a business **loan** from a bank. 6-1

당신은 은행에서 사업 **대출**을 받을 수 있다.

231

local
[lóukəl]

형 지역의, 현지의

They took a loan from a **local** bank and rented a small factory. 4-2

그들은 **지역** 은행에서 대출을 받아 작은 공장을 빌렸다.

232

location

[loukéiʃən]

명 위치, 장소

If you live far from the interview's **location**, wake up early and leave your house in advance. `4-4`

면접 **장소**에서 멀리 살고 있다면, 일찍 일어나서 미리 집을 나서야 한다.

233

loose

[luːs]

형 느슨한

The damage, such as a few **loose** threads, is barely noticeable. `5-2`

몇 개의 **느슨한** 실과 같은 손상은 거의 눈에 띄지 않는다.

234

lower

[lóuər]

동 낮추다, 내리다

Susan came near me and **lowered** her head beside mine. `1-1`

수잔이 내 곁에 와서 내 머리 옆에서 그녀의 머리를 **숙였다**.

235

lung

[lʌŋ]

명 폐

The workout also keeps your heart and **lungs** healthy. `3-1`

그 운동은 또한 심장과 **폐**를 건강하게 해준다.

236

maintenance
[méintənəns]

maintain
동 유지하다, 관리하다

명 유지, 관리

The first 100 buyers will get one year of free **maintenance** and theft insurance. 4-2

선착순 100명의 구매자는 1년간 무료 **유지보수**와 도난보험 혜택을 받게 된다.

237

masterpiece
[mǽstərpìːs]

명 걸작

Many geniuses have produced **masterpieces** during times when they were alone. 1-2

많은 천재들은 혼자 있던 시기에 **걸작**을 만들어냈다.

238

match
[mætʃ]

동 어울리다, 걸맞다 명 어울리는 상대, 경기

The helmet **matches** the color of the scooter. 4-2

그 헬멧은 스쿠터의 색깔에 **어울린다**.

239

material
[mətíəriəl]

명 자료, 재료 명 소재, 물질

There'll be no need to make room for books and other classroom **materials**. 7-3

책이나 다른 교실 **자료**들을 놓을 공간을 마련할 필요가 없다.

240

mature
[mətjúər]

maturity
형 성숙

형 성숙한, 숙련된

The class needs more **mature** dancers. `7-2`

그 수업은 더 **숙련된** 댄서들을 필요로 한다.

241

mean
[mi:n]

동 의미하다, ~라는 뜻이다 형 못된

Do you **mean** you need someone to explain the lessons to you? `3-3`

당신에게 수업 내용을 설명해 줄 사람이 필요하다는 **뜻인가요**?

242

measure
[méʒər]

measurement
명 측정, 치수

동 측정하다 명 조치, 대책

Their skills are **measured** through practical exams. `7-2`

그들의 기술은 실기 시험을 통해 **측정된다**.

243

mediator
[míːdièitə(r)]

mediate
동 중재하다

명 중재자, 조정자

A good **mediator** listens and waits until he or she has heard all the information. `7-4`

훌륭한 **중재자**는 모든 정보를 들을 때까지 경청하고 기다린다.

244

mixture
[míkstʃər]

mix
동 섞다, 혼합하다

명 혼합, 혼합물

Adding alcohol into the **mixture** is important because pure water doesn't mix with oil. ◀ 1-4

순수한 물은 오일과 섞이지 않기 때문에 **혼합물**에 알코올을 첨가하는 것은 중요하다.

245

monitor
[mɑ́:nətər]

동 감독하다, 주시하다

If you're the supervisor, you can **monitor** their progress. ◀ 7-4

당신이 관리자라면, 진행 상황을 **감독할** 수 있다.

246

motivate
[móutəveit]

motivation
명 동기, 의지

동 동기 부여하다

It could **motivate** him to get some exercise. ◀ 4-1

그것은 그가 운동을 하도록 **동기를 부여할** 수 있다.

247

natural
[nǽtʃərəl]

형 자연적인, 천연의

Regular shampoo removes the hair's **natural** oils. ◀ 2-3

일반 샴푸는 모발의 **천연** 기름을 제거한다.

248

nearly

[níərli]

= almost

부 거의

These products have **nearly** the same quality as the ones found in retail stores. ◀ 5-2

이 제품들은 소매점에서 볼 수 있는 것과 **거의** 동일한 품질을 가지고 있다.

249

necessary

[nésəsèri]

* It is necessary that
  + 주어 + (should)
  + 동사원형

형 필요한, 필수적인

It's **necessary** to focus on what's most important to you. ◀ 5-4

너에게 가장 중요한 것에 초점을 맞추는 것이 **필요하다**.

250

negative

[négətiv]

형 부정적인

We talked a lot about the positive and **negative** aspects of both. ◀ 4-3

우리는 두 가지 모두의 긍정적인 측면과 **부정적인** 측면에 대해 많은 이야기를 나누었다.

DAY 08 TEST

A 단어와 의미를 알맞게 연결하세요.

01. include · · ① 증가시키다, 증가

02. increase · · ② 중급의

03. ingredient · · ③ 동기 부여하다

04. intermediate · · ④ 재료, 성분

05. measure · · ⑤ 포함하다

06. monitor · · ⑥ 측정하다, 조치

07. motivate · · ⑦ 감독하다, 주시하다

B 빈칸에 알맞은 단어를 보기에서 고르세요.

① impulse	② instruction	③ insurance
④ irritation	⑤ landscape	⑥ legal
⑦ mature	⑧ mediator	

08. The class needs more _____ dancers.

그 수업은 더 숙련된 댄서들을 필요로 한다.

09. You will learn about the licenses, taxes, and other _____ matters.

당신은 면허, 세금 및 기타 법적 문제에 대해 배울 것이다.

10. The camp is a two-week program of English language _____ for kids.

이 캠프는 어린이를 위한 2주 간의 영어 교육 프로그램이다.

11. People buy things that appeal to their senses on _____ at yard sales.

사람들은 야드 세일에서 감각에 호소하는 물건들을 충동적으로 산다.

12. SLS has many side effects such as hair loss and skin _____.

SLS는 탈모와 피부 자극과 같은 많은 부작용을 가지고 있다.

13. A good _____ listens and waits until he or she has heard all the information.

훌륭한 중재자는 모든 정보를 들을 때까지 경청하고 기다린다.

14. All prices you see include the dress rental, delivery, and _____ for minor damage.

당신이 보는 모든 가격에는 드레스 대여, 배송 및 경미한 손상에 대한 보험이 포함된다.

15. You have to know the concepts to run a successful _____ design business.

성공적인 조경 설계 사업을 운영하기 위해서는 그 개념을 알아야 한다.

▶ MP3 바로 듣기

DAY 09

Target Words 알고 있는 단어에 체크해 보세요.

251 **negotiate**	☐	276 **personnel**	☐
252 **neighborhood**	☐	277 **perspective**	☐
253 **obedient**	☐	278 **photocopy**	☐
254 **obviously**	☐	279 **physical**	☐
255 **occasion**	☐	280 **pile**	☐
256 **offensive**	☐	281 **plenty**	☐
257 **offer**	☐	282 **policy**	☐
258 **offset**	☐	283 **possession**	☐
259 **operate**	☐	284 **potential**	☐
260 **opinion**	☐	285 **pour**	☐
261 **organic**	☐	286 **practical**	☐
262 **organized**	☐	287 **practice**	☐
263 **otherwise**	☐	288 **prefer**	☐
264 **outcome**	☐	289 **pressure**	☐
265 **outlet**	☐	290 **prevent**	☐
266 **outstanding**	☐	291 **previous**	☐
267 **overrun**	☐	292 **principle**	☐
268 **overview**	☐	293 **priority**	☐
269 **own**	☐	294 **probably**	☐
270 **partial**	☐	295 **productive**	☐
271 **participate**	☐	296 **profit**	☐
272 **particularly**	☐	297 **progressive**	☐
273 **passenger**	☐	298 **promising**	☐
274 **performance**	☐	299 **promotion**	☐
275 **personality**	☐	300 **prompt**	☐

251

negotiate
[nigóuʃieit]

negotiation
명 협상

동 협상하다

You'll spend an entire day **negotiating** with buyers.
1-3

당신은 하루 종일 구매자들과 **협상하면서** 보낼 것이다.

252

neighborhood
[néibərhud]

명 동네, 이웃, 인근

You'll have to put up signs all over your **neighborhood**.
1-3

당신은 **동네** 곳곳에 표지판을 세워야 할 것이다.

253

obedient
[oubí:diənt]

obey
동 순종하다

형 부종적일, 순종적인

German Shepherds are alert, loyal, **obedient**, and fearless. 4-1

독일 셰퍼드는 민첩하고, 충성스럽고, **순종적이고**, 겁이 없다.

254

obviously
[ábviəsli]

obvious
형 명백한, 뻔한

부 분명히, 명백하게

Obviously, online education doesn't allow for face-to-face interaction. 4-3

분명히 온라인 교육은 대면 교류를 감안하지 않는다.

255

occasion
[əkéiʒən]

* on occasion 가끔

명 행사, 때

Here, you'll find beautiful dresses for all **occasions**. `2-2`

여기서 당신은 모든 **행사**를 위한 아름다운 드레스를 찾을 수 있을 것이다.

256

offensive
[əfénsiv]

offend
동 불쾌하게 하다

형 불쾌한

Some **offensive** posts may affect my company's reputation. `5-3`

일부 **불쾌한** 게시물들이 우리 회사의 평판에 영향을 미칠 수 있다.

257

offer
[ɔ́:fər]

동 제공하다, 제안하다

We **offer** a huge selection of dresses and matching accessories. `2-2`

우리는 다양한 구색의 드레스와 어울리는 액세서리를 **제공한다**.

258

offset
[ɔ́:fset]

동 (손실, 이득 등을) 상쇄하다

The school will raise its tuition fees to **offset** the increase in the electric bill. `7-3`

그 학교는 전기 요금의 증가를 **상쇄하기** 위해 등록금을 올릴 것이다.

259

operate
[ápərèit]

operation
명 작동, 운영, 작전

동 작동하다, 운영되다

The coffee shop has been **operating** for six months.
6-1

그 커피숍은 6개월째 **운영** 중이다.

260

opinion
[əpínjən]

명 의견

When talking to the employees, don't give your **opinion** right away. 7-4

직원들과 이야기할 때, 곧바로 당신의 **의견**을 말하지 마세요.

261

organic
[oːrɡǽnik]

형 유기농의, 유기체의

How does **organic** shampoo differ from regular shampoo? 2-3

유기농 샴푸는 일반 샴푸와 어떻게 다른가?

262

organized
[ɔ́ːrɡənàizd]

형 체계적인, 조직화된

This class teaches students how to write an **organized** resume. 6-2

이 수업은 학생들에게 **체계적인** 이력서를 쓰는 방법을 가르친다.

263

otherwise
[ʌ́ðərwàiz]

부 그렇지 않으면, 다른 방식으로는

Otherwise, you're going to miss out on a lot of opportunities. 1-2

그렇지 않으면 당신은 많은 기회를 놓치게 될 것이다.

264

outcome
[áutkʌm]

= result

명 결과

You should wait for their call to learn the **outcome** of the interview. 4-4

면접 **결과**를 알기 위해 그들의 연락을 기다려야 한다.

265

outlet
[áutlet]

명 발산 **명** 배출구, 콘센트

My parents blamed it on my lack of a creative **outlet**.

부모님은 그것을 나의 창의력 **발산**의 부족 탓으로 돌리셨다. 1-1

If there is no electrical **outlet**, you can use candles to light up the space. 5-4

전기 **콘센트**가 없는 경우, 촛불을 사용하여 공간을 밝게 할 수 있다.

266

outstanding
[àutstǽndiŋ]

= excellent

형 뛰어난, 두드러진 **형** 미지불의

This shows our **outstanding** performance and customer service. 6-2

이것은 우리의 **뛰어난** 성과와 고객 서비스를 보여준다.

267

overrun
[òuvərrʌ́n]

동 초과하다　**명** 초과

Olga's Overruns is an online store that sells **overrun** clothes.　5-2

올가즈 오버런스는 **초과** 생산된 옷을 파는 온라인 상점이다.

268

overview
[óuvərvjùː]

명 개요

Let me give you an **overview** of the four courses.
6-2

4가지 코스에 대한 **개요**를 알려드리겠습니다.

269

own
[oun]

= possess

동 소유하다　**형** 자신만의

I have a friend who **owns** a furniture shop.　6-1

나는 가구점을 **소유하고 있는** 친구가 있다.

When I study alone, I can study at my **own** pace.　3-3

내가 혼자 공부할 때는 나 **자신만의** 속도대로 공부할 수 있다.

270

partial
[páːrʃəl]

형 부분의, 일부의

You can demand a **partial** refund.　5-1

당신은 **부분** 환불을 요구할 수 있다.

271

participate
[pɑ:rtísəpèit]

participant 명 참가자

participation 명 참여

동 참여하다

The students will **participate** in a culminating program where they can show their skills. 6-2

학생들은 그들의 실력을 보여줄 수 있는 최종 프로그램에 **참여할** 것이다.

272

particularly
[pərtíkjulərli]

particular
형 특정한, 특별한

부 특히

I **particularly** like the sweet and minty combination of lemon and peppermint. 1-4

나는 **특히** 레몬과 페퍼민트의 달콤하고 민트향 나는 조합을 좋아한다.

273

passenger
[pǽsəndʒər]

명 승객

An airline needs to fill each of its airplanes with **passengers**. 2-1

항공사는 각각의 비행기를 **승객**으로 채워야 한다.

274

performance
[pərfɔ́:rməns]

perform
동 공연하다, 수행하다

명 공연

We teach students how to create visual images in **performances**. 7-2

우리는 학생들에게 **공연**에서 시각적 이미지를 만드는 방법에 대해 가르친다.

명 성과, 수행

This shows our outstanding **performance** and customer service. `6-2`

이것은 우리의 뛰어난 **성과**와 고객서비스를 보여준다.

275

personality
[pəːrsənǽləti]

명 성격

She's not so friendly with the co-worker because she doesn't like his **personality**. `7-4`

그녀는 그 직장 동료의 **성격**이 맘에 안 들어서 그와 그렇게 친하지는 않다.

276

personnel
[pəːrsənél]

명 인원, 요원

We have security **personnel** who constantly check the school grounds. `7-2`

우리는 학교 운동장을 지속적으로 확인하는 보안 **요원**들이 있다.

277

perspective
[pərspéktiv]

= viewpoint

명 관점, 시각

Mediators need to hear everyone's **perspective**. `7-4`

중재자들은 모든 사람의 **관점**을 들어야 한다.

278

photocopy
[fóutoukàpi]

명 사본 동 복사하다

Bring a **photocopy** of any type of ID. 7-2

어떤 종류의 신분증이라도 **사본** 한 장을 가지고 오세요.

279

physical
[fízikəl]

형 신체적인

You may not feel your body heat rising despite the **physical** activity. 3-1

당신은 **신체적** 활동에도 불구하고 몸의 열이 오르는 것을 느끼지 못할 수도 있다.

형 물리적인

Using tablets will save **physical** space. 7-3

태블릿을 사용하면 **물리적** 공간을 절약할 수 있다.

280

pile
[pail]

동 쌓이다, 쌓아올리다 명 더미

My paperwork will definitely **pile** up while I'm gone. 6-3

내가 없는 동안 내 서류 업무는 틀림없이 **쌓일** 것이다.

281

plenty

[plénti]

plentiful
형 풍부한

명 많음, 풍부

This will give you **plenty** of time to reach the place before the interview begins. `4-4`

이것은 면접이 시작되기 전에 그 장소에 도착할 **많은** 시간을 줄 것이다.

282

policy

[pá:ləsi]

명 방침, 정책

Can you help me develop a social media **policy** for my company? `5-3`

당신은 제가 저희 회사의 소셜미디어 **정책**을 개발하는 것을 도와줄 수 있나요?

283

possession

[pəzéʃən]

possess
동 소유하다

명 소유, 소유물

You probably don't want to decorate your balcony with your prized **possessions**! `5-4`

당신은 아마도 소중한 **소유물**로 발코니를 장식하고 싶지 않을 것이다!

284

potential

[pəténʃəl]

potentially
부 잠재적으로

형 잠재적인   명 잠재성, 가능성

Your job posting will be seen by many **potential** candidates. `5-3`

당신의 채용 공고는 많은 **잠재적** 지원자에게 보일 것이다.

285
pour
[pɔːr]

동 붓다

The second step is to **pour** the water into your spray bottle. 1-4

두 번째 단계는 스프레이 병에 물을 **붓는** 것이다.

286
practical
[præktikəl]

= pragmatic

형 실용적인, 실기의

Online schools focus on teaching **practical** skills that you could use in a job right away. 4-3

온라인 학교는 직장에서 즉시 사용할 수 있는 **실용적인** 기술을 가르치는 데 초점을 맞춘다.

287
practice
[præktis]

명 관행, 관례 **동** 실천하다, 연습하다

Find out if you like the work **practices** and working conditions of the company. 4-4

회사의 업무 **관행**과 근무 조건이 마음에 드는지 알아보세요.

When you're by yourself, you can **practice** self-reflection.

당신은 혼자 있을 때 자기 성찰을 **실천할** 수 있다. 1-2

288
prefer
[prifə́ːr]

preference
명 선호

동 선호하다

It seems like more boys **prefer** big dogs, while girls prefer small ones. 4-1

남자들이 큰 개를 선호하는 반면에 여자들은 작은 개를 **선호하는** 것 같다.

289

pressure
[préʃər]

동 압력을 가하다 명 압력, 강요

They were **pressured** into doing things that go against their own values. 1-2

그들은 자신의 가치에 반하는 일을 하도록 **압력을 받았다**.

290

prevent
[privént]

prevention
명 예방

동 못하게 막다, 예방하다

Blocking those sites won't **prevent** your employees from using social media. 5-3

그러한 사이트를 차단하는 것은 직원들이 소셜미디어를 사용하는 것을 **막을** 수 없다.

291

previous
[príːviəs]

previously
부 이전에는

U 이전의

This class only accepts students with **previous** dance training. 7-2

이 수업은 **이전에** 무용 훈련을 받은 학생들만 받는다.

292

principle
[prínsəpl]

명 원칙, 원리

They have the most **principles**. 1-2

그들은 가장 많은 **원칙**을 가지고 있다.

293

priority
[praió:rəti, praiárə-]

명 **우선순위**

This will allow you to start working on your **priority** tasks. `2-4`

이것은 당신이 **우선 순위**의 과제들을 시작할 수 있게 해준다.

294

probably
[prábəbli]

부 **아마도, 대개는**

Most people are **probably** looking for things they can use right away. `1-3`

대부분의 사람들은 **아마** 당장 사용할 수 있는 것들을 찾고 있을 것이다.

295

productive
[prədʌ́ktiv]

productivity
명 생산성

형 **생산적인**

It will help you arrive at a more **productive** working environment. `7-4`

그것은 당신이 보다 **생산적인** 작업 환경에 도달할 수 있도록 도울 것이다.

296

profit
[práfit]

profitable
형 수익이 되는

명 **이익, 이점**

If I sell in my own yard, I get to take all the **profits**. `1-3`

내 집 마당에서 팔면 내가 모든 **이익**을 챙기게 된다.

297

progressive

[prəgrésiv]

progress
명 진행

형 점진적인

Our dance courses follow a **progressive** dance program. `7-2`

저희 댄스 강좌는 **점진적인** 댄스 프로그램을 따르고 있습니다.

298

promising

[prámisiŋ]

형 유망한, 촉망되는

Look for things that may be untried but offer **promising** results. `3-4`

시도하지 않았지만 **유망한** 결과를 제공할 수도 있는 일을 찾아보세요.

299

promotion

[prəmóuʃən]

promote
동 승진시키다, 촉진하다

명 승진, 홍보, 증진

Such dedication can greatly increase your chances of **promotion**. `3-4`

그런 헌신은 당신의 **승진** 가능성을 크게 높일 수 있다.

300

prompt

[prɑmpt]

promptly
부 신속하게

형 신속한   동 유발하다, 촉구하다

They were very **prompt** in attending to the customers' requests. `7-1`

그들은 고객의 요구에 응대하는데 매우 **신속했다**.

DAY 09 TEST

A 단어와 의미를 알맞게 연결하세요.

01. negotiate   ·   · ① 작동하다, 운영되다

02. offset   ·   · ② 협상하다

03. operate   ·   · ③ 상쇄하다

04. participate   ·   · ④ 쌓아 올리다, 더미

05. pile   ·   · ⑤ 유발하다, 신속한

06. prevent   ·   · ⑥ 참여하다

07. prompt   ·   · ⑦ 못하게 막다, 예방하다

B 빈칸에 알맞은 단어를 보기에서 고르세요.

① occasions	② promising	③ outstanding
④ perspective	⑤ policy	⑥ previous
⑦ priority	⑧ progressive	

08. Mediators need to hear everyone's _____.

중재자들은 모든 사람의 관점을 들어야 한다.

09. This will allow you to start working on your _____ tasks.

이것은 당신이 우선 순위의 과제들을 시작할 수 있게 해준다.

10. Here, you'll find beautiful dresses for all _____.

여기서 당신은 모든 행사를 위한 아름다운 드레스를 찾을 수 있을 것이다.

11. Our dance courses follow a _____ dance program.

저희 댄스 강좌는 점진적인 댄스 프로그램을 따르고 있습니다.

12. Look for things that may be untried but offer _____ results.

시도하지 않았지만 유망한 결과를 제공할 수도 있는 일을 찾아보세요.

13. This class only accepts students with _____ dance training.

이 수업은 이전에 무용 훈련을 받은 학생들만 받는다.

14. This shows our _____ performance and customer service.

이것은 우리의 뛰어난 성과와 고객 서비스를 보여준다.

15. Can you help me develop a social media _____ for my company?

제가 우리 회사의 소셜미디어 정책을 개발하는 것을 도와줄 수 있나요?

정답 **1** ② **2** ③ **3** ① **4** ⑥ **5** ④ **6** ⑦ **7** ⑤ **8** ④ **9** ⑦ **10** ① **11** ⑧ **12** ② **13** ⑥ **14** ③ **15** ⑤

▶ MP3 바로 듣기

DAY 10

301	proper	☐	326	relieve	☐
302	property	☐	327	rely	☐
303	prospective	☐	328	remove	☐
304	protect	☐	329	report	☐
305	prove	☐	330	represent	☐
306	puzzle	☐	331	reputation	☐
307	quality	☐	332	reserve	☐
308	quarrel	☐	333	resistance	☐
309	quarter	☐	334	resolution	☐
310	railing	☐	335	respond	☐
311	rare	☐	336	responsibility	☐
312	rating	☐	337	result	☐
313	rave	☐	338	resume	☐
314	reach	☐	339	retail	☐
315	realize	☐	340	retreat	☐
316	rebate	☐	341	reveal	☐
317	recommend	☐	342	review	☐
318	recruitment	☐	343	reward	☐
319	reduce	☐	344	routine	☐
320	refund	☐	345	sacrifice	☐
321	register	☐	346	safety	☐
322	regular	☐	347	satisfy	☐
323	rehearsal	☐	348	save	☐
324	relax	☐	349	scalp	☐
325	relevant	☐	350	scary	☐

301

proper

[prápər]

= appropriate

properly
[부] 적절하게

[형] **적절한, 알맞은**

Students will learn the **proper** way to prepare and handle the interview process. `6-2`

학생들은 면접 과정을 준비하고 다루는 **적절한** 방법을 배울 것이다.

302

property

[prápərti]

= asset (자산)

[명] **재산, 자산** [명] **자질, 성질**

Landscaping increases the value of a **property**. `3-2`

조경은 **자산**의 가치를 높인다.

Some of them have antibacterial or antiviral **properties**. `1-4`

그중 일부는 항균 또는 항바이러스 **성질**을 가지고 있다.

303

prospective

[prəspéktiv]

[형] **미래의, 가망이 있는**

You'll start sending your resumes to **prospective** employers. `4-4`

당신은 **미래의** 고용주에게 이력서를 보내기 시작할 것이다.

304

protect

[prətékt]

protection
[명] 보호

[동] **보호하다**

For one thing, a big dog can **protect** my house. `4-1`

우선, 큰 개는 우리 집을 **보호할** 수 있다.

305

prove
[pru:v]

proof
명 증거

동 증명하다

It **proves** that they are willing to try new ideas. 3-4

그것은 그들이 새로운 아이디어를 기꺼이 시도하려 함을 **증명한다**.

306

puzzle
[pʌzəl]

동 어리둥절하게 하다, 당황스럽게 하다

Susan told me the most **puzzling** thing. 1-1

수잔은 내게 가장 **어리둥절하게 하는** 말을 했다.

307

quality
[kwáləti]

명 품질 형 양질의

It's not too expensive considering the **quality** of the food. 7-1

음식의 **질**을 고려하면 그것은 그리 비싸지 않다.

308

quarrel
[kwó(:)rəl]

quarrelling
형 다투는

명 말다툼, 언쟁 동 말다툼하다

Mediators should not get involved in **quarrels**. 7-4

중재자들은 **언쟁**에 관여해서는 안 된다.

309

quarter
[kwɔ́:rtər]

명 4분의 1, 분기

You can get branded clothes at a **quarter** of the original price. `5-2`

당신은 브랜드 의류를 원래 가격의 **4분의 1** 수준으로 구입할 수 있다.

310

railing
[réiliŋ]

명 (발코니 등의) 난간

Make sure that plants are not too close to the **railing**. `5-4`

화분이 **난간**에 너무 가까이 있지 않도록 해라.

311

rare
[rɛər]

= uncommon
= unusual

형 드문

A local opportunity like this is **rare**. `6-3`

이 지역에서 이것과 같은 기회는 **드물다**.

312

rating
[réitiŋ]

명 등급, 급수

A travel search engine shows the **ratings** of the different airlines. `2-1`

여행 검색 엔진은 여러 항공사의 **등급**을 보여준다.

313

rave
[reiv]

명 열광, 격찬

What's all the **rave** about organic stuff? 2-3

다들 유기농 제품에 **열광**하는 이유는 무엇인가?

314

reach
[riːtʃ]

= get to

동 닿다, 도달하다 **명** 손이 닿는 거리

You'll **reach** more buyers through the Internet. 1-3

당신은 인터넷을 통해 더 많은 구매자에게 **닿을** 것이다.

315

realize
[ríːəlàiz]

realization
명 깨달음

동 깨닫다, 인식하다

I **realized** that attending the webinar is more convenient. 6-3

나는 웨비나에 참석하는 것이 더 편하다는 것을 **깨달았다**.

316

rebate
[ríːbeit]

명 할인, 환급

It offers a hundred-dollar **rebate**. 6-3

그것은 100달러 할인을 제공한다.

317

recommend

[rèkəménd]

* recommend + that + 주어 + (should) + 동사원형

* recommend + ~ing

동 추천하다, 권유하다

I **recommend** that you add other drinks to your menu. `6-1`

나는 당신이 메뉴에 다른 음료를 추가하길 **추천한다**.

318

recruitment

[rikrúːtmənt]

recruit
동 채용하다 **명** 신입 사원

명 채용

Did you know that social media is a great **recruitment** tool as well? `5-3`

당신은 소셜 미디어도 훌륭한 **채용** 도구라는 것을 알고 있었나요?

319

reduce

[ridjúːs]

= decrease

동 줄이다, 감소시키다

Keep in mind that many airlines **reduce** the price of some tickets. `2-1`

많은 항공사들이 일부 항공권의 가격을 **인하한다는** 걸 명심해라.

320

refund

[rífʌnd]

명 환불

If the dress doesn't meet your expectations, you can receive a full **refund** of the rental fee. `2-2`

그 드레스가 기대에 미치지 못한다면, 당신은 대여비를 전액 **환불**받을 수 있다.

321

register
[rédʒistər]

= enroll

registration
명 등록

동 등록하다

Those who **register** before the end of September will get a customized notebook. `7-2`

9월 말 이전에 **등록하는** 사람들은 맞춤형 노트를 제공받는다.

322

regular
[régjulər]

regularly
부 규칙적으로

형 일반적인, 보통의

For long gowns, your choices are petite, **regular**, and tall. `2-2`

긴 가운의 경우, 선택 사항으로는 작은 사이즈, **보통** 사이즈, 큰 사이즈가 있다.

형 규칙적인, 정규의

German Shepherds need **regular** exercise to keep them fit and healthy. `4-1`

독일 셰퍼드는 탄탄하고 건강하게 지내기 위해 **규칙적인** 운동이 필요하다.

323

rehearsal
[rihə́:rsəl]

rehearse
동 예행연습하다, 시연하다

명 예행연습, 시연

We have three practice rooms for lessons and **rehearsals**. `7-2`

우리는 수업과 리허설을 위한 세 개의 **연습**실을 가지고 있다.

324

relax

[riláeks]

relaxed
형 편안한, 느긋한

동 편히 쉬다, 긴장을 풀다

You can spend Sunday **relaxing** at home. `2-4`

당신은 일요일을 집에서 **쉬면서** 보낼 수 있다.

325

relevant

[réləvənt]

relevance
명 관련성

형 관련 있는

Candidates should ask the interviewer **relevant** questions. `4-4`

지원자들은 면접관에게 **관련된** 질문을 해야 한다.

326

relieve

[rilíːv]

relief
명 안도, 다행

동 완화하다, 풀다

Swimming is a good way to **relieve** stress. `3-1`

수영은 스트레스를 **풀** 수 있는 좋은 방법이다.

327

rely

[rilái]

reliable
형 믿을 수 있는

동 의존하다, 의지하다

I often **rely** on friends and teachers to get me excited about schoolwork. `4-3`

나는 학교 공부에 흥미를 느끼도록 친구들과 선생님들에게 자주 **의존한다**.

328

remove

[rimúːv]

= take out

> **동** 제거하다
>
> Regular shampoo **removes** the hair's natural oils. `2-3`
>
> 일반 샴푸는 모발의 천연 기름을 **제거한다**.

329

report

[ripɔ́ːrt]

> **동** 신고하다, 보고하다　**명** 보고서, 보고
>
> Are you still going to **report** the caterer? `5-1`
>
> 당신은 여전히 그 업체를 **신고할** 것인가?

330

represent

[rèprizént]

= stand for
= symbolize

> **동** 나타내다, 대표하다
>
> The pizza toppings **represent** the different seasons in Italy. `7-1`
>
> 그 피자 토핑들은 이탈리아의 다양한 계절을 **나타낸다**.

331

reputation

[rèpjutéiʃən]

> **명** 평판
>
> Some offensive posts may affect my company's **reputation**. `5-3`
>
> 일부 불쾌한 게시물들이 우리 회사의 **평판**에 영향을 미칠 수 있다.

332

reserve

[rizə́:rv]

reservation
명 예약

동 **예약하다** 동 **남겨두다**

You may visit our office to **reserve** a slot for your chosen course. 6-2

선택한 코스를 위한 자리를 **예약하기** 위해 우리 사무실을 방문할 수 있다.

333

resistance

[rizístəns]

resist
동 저항하다

명 **저항**

The bike gets as little air **resistance** as possible when it runs. 4-2

그 오토바이는 달릴 때 공기 **저항**을 최대한 적게 받는다.

334

resolution

[rèzəlú:ʃən]

명 **해상도, 선명도** 명 **결심, 해결**

Always set the camera at the highest **resolution** possible. 6-4

카메라는 항상 가능한 가장 높은 **해상도**로 설정해라.

335

respond

[rispánd]

response
명 응답

동 **대응하다, 응답하다**

It can test how well a manager **responds** to conflicts. 7-4

그것은 관리자가 갈등에 얼마나 잘 **대응하는지** 시험할 수 있다.

336

responsibility

[rispὰnsəbílǝti]

responsible
형 책임이 있는

명 책임

The employees accepted **responsibility** for making the agreement successful. 7-4

그 직원들은 합의를 성공시키기 위한 **책임**을 받아들였다.

337

result

[rizʌ́lt]

동 결과를 낳다, ~한 결과가 되다　명 결과

When managed well, conflict will **result** in better ideas and decisions. 7-4

갈등이 잘 관리될 때, 갈등은 더 나은 아이디어와 결정들을 **낳게 될** 것이다.

338

resume

[rézumei, rizúːm]

명 이력서　동 재개하다

This class teaches students how to write an organized and concise **resume**. 6-2

이 수업은 학생들에게 체계적이고 간결한 **이력서**를 쓰는 방법을 가르친다.

339

retail

[ríːteil]

형 소매의　명 소매

Rent any dress you like for only five to ten percent of its **retail** price. 2-2

마음에 드는 옷을 **소매**가의 5~10%만 내시고 빌려 입으세요.

340

retreat
[ritríːt]

명 휴양지, 피난처　동 물러나다

You can transform your small balcony into a beautiful outdoor **retreat**.　5-4

당신은 작은 발코니를 아름다운 야외 **휴양지**로 바꿀 수 있다.

341

reveal
[rivíːl]

= disclose
= unveil

동 드러내다, 밝히다

A damaged tag **reveals** that an item is not a fake article.　5-2

손상된 태그는 한 품목이 가짜 제품이 아님을 **드러낸다**.

342

review
[rivjúː]

동 검토하다, 복습하다　명 검토, 평론

Check your emails and **review** your calendar.　2-4

당신의 이메일을 확인하고 일정을 **검토해라**.

343

reward
[riwóːrd]

명 보상　동 보상하다

Don't be afraid to propose actions that offer the potential for big **rewards**.　3-4

큰 **보상**을 받을 수 있는 잠재성을 제공하는 행동을 제안하는 것을 두려워하지 마라.

344

routine
[ruːtíːn]

명 일상 **형** 일상적인, 판에 박힌

You'll be back to your old work **routine** before you know it. 2-4

당신은 그것을 알아차리기도 전에 어느새 예전 **일상** 업무로 돌아갈 것이다.

345

sacrifice
[sǽkrəfàis]

동 희생하다 **명** 희생, 제물

This will allow you to set attractive service fees without **sacrificing** quality. 3-2

이것은 품질을 **희생하지** 않고 매력적인 서비스 요금을 책정할 수 있도록 해 준다.

346

safety
[séifti]

명 안전

It actually made me a little worried about the **safety** of the food. 5-1

그것은 사실 음식의 **안전**에 대해 내가 약간 걱정하게 만들었다.

347

satisfy
[sǽtisfài]

satisfaction
명 만족

동 충족시키다, 만족시키다

Help them think of a way to **satisfy** their common goals. 7-4

그들이 공통의 목표를 **충족시킬** 방법을 생각하도록 도와주어라.

348

save

[seiv]

saving
명 저금, 절약

동 절약하다, 저축하다 **동** 남겨두다

The clothing will help **save** energy on air conditioning. ◀ 1-2

그 옷은 냉방에 드는 에너지를 **절약하는** 데 도움이 될 것이다.

349

scalp

[skælp]

명 두피

To make up for the lost oil, the **scalp** produces more oil. ◀ 2-3

잃어버린 기름을 보충하기 위해, **두피**는 더 많은 기름을 만든다.

350

scary

[skɛəri]

scare
동 겁주다, 깜짝 놀라게 하다

형 무서운

A job interview can be a **scary** experience. ◀ 4-4

취업 면접은 **무서운** 경험이 될 수 있다.

DAY 10 TEST

A 단어와 의미를 알맞게 연결하세요.

01. reduce   •   • ① 등록하다

02. register   •   • ② 나타내다, 대표하다

03. relieve   •   • ③ 줄이다, 감소시키다

04. represent   •   • ④ 희생하다, 희생

05. reveal   •   • ⑤ 충족시키다, 만족시키다

06. sacrifice   •   • ⑥ 완화하다, 풀다

07. satisfy   •   • ⑦ 드러내다, 밝히다

B 빈칸에 알맞은 단어를 보기에서 고르세요.

① proper	② property	③ prospective
④ rave	⑤ recruitment	⑥ relevant
⑦ reputation	⑧ retail	

08. Landscaping increases the value of a _____.

조경은 자산의 가치를 높인다.

09. What's all the _____ about organic stuff?

다들 유기농 제품에 열광하는 이유는 무엇인가?

10. You'll start sending your resumes to _____ employers.

당신은 미래의 고용주들에게 이력서를 보내기 시작할 것이다.

11. Some offensive posts may affect my company's _____.

일부 불쾌한 게시물들이 우리 회사의 평판에 영향을 미칠 수 있다.

12. Rent any dress you like for only five to ten percent of its _____ price.

마음에 드는 옷을 소매가의 5~10%만 내시고 빌려 입으세요.

13. Did you know that social media is a great _____ tool as well?

당신은 소셜 미디어도 훌륭한 채용 도구라는 것을 알고 있었는가?

14. Candidates should ask the interviewer _____ questions.

지원자들은 면접관에게 관련된 질문을 해야 한다.

15. Students will learn the _____ way to prepare and handle the interview process.

학생들은 면접 과정을 준비하고 다루는 적절한 방법을 배울 것이다.

▶ MP3 바로 듣기

DAY 11

Target Words 알고 있는 단어에 체크해 보세요.

351	scent	☐	376	steady	☐
352	search	☐	377	stick	☐
353	security	☐	378	store	☐
354	seek	☐	379	structure	☐
355	semester	☐	380	struggle	☐
356	separate	☐	381	submit	☐
357	session	☐	382	succeed	☐
358	settle	☐	383	suddenly	☐
359	shade	☐	384	supervisor	☐
360	shake	☐	385	tempt	☐
361	share	☐	386	threat	☐
362	shelter	☐	387	traditional	☐
363	ship	☐	388	trait	☐
364	shrub	☐	389	transform	☐
365	silence	☐	390	transition	☐
366	simply	☐	391	trip	☐
367	situation	☐	392	tuition	☐
368	sleek	☐	393	undecided	☐
369	slightly	☐	394	unstable	☐
370	slot	☐	395	usual	☐
371	snuff	☐	396	valid	☐
372	soil	☐	397	venue	☐
373	solution	☐	398	warehouse	☐
374	spend	☐	399	wordy	☐
375	spread	☐	400	worth	☐

351

scent
[sent]

scented
형 향기가 나는

명 냄새, 향

You can add more drops, depending on how strong you want the **scent** to be. `1-4`

향이 얼마나 강하길 원하느냐에 따라 더 많은 방울을 첨가할 수 있다.

352

search
[səːrtʃ]

동 검색하다, 찾아보다　명 검색

I'm **searching** through some websites for a seminar. `6-3`

나는 세미나를 위해 몇몇 웹사이트를 **검색하고** 있다.

353

security
[sikjúərəti]

secure
동 안전하게 하다

명 보안, 안전

It exposes your company to **security** risks. `5-3`

그것은 당신의 회사를 보안 위험에 노출시킨다.

354

seek
[siːk]

동 찾다, 추구하다

Last, **seek** the right mentors. `3-4`

마지막으로, 올바른 멘토를 **찾아라**.

355
semester
[siméstər]

명 학기

My classes this **semester** are tougher than usual. `3-3`
이번 **학기**에 내 수업들은 평소보다 어렵다.

356
separate
[séprət, sépərèit]

형 별도의, 분리된　**동** 나누다, 분리하다

Male and female students have **separate** dressing rooms and shower areas. `7-2`
남학생과 여학생은 **분리된** 탈의실과 샤워장을 가지고 있다.

Separate the people from the problem. `7-4`
사람들을 그 문제에서 **분리시키세요.**

357
session
[séʃən]

명 기간, 시간

During group study **sessions**, the conversations often shift to unrelated topics. `3-3`
그룹 스터디 **시간** 동안, 대화는 관련 없는 화제로 자주 전환된다.

358
settle
[sétl]

동 정착하다, 안주하다　**동** 해결하다

Don't **settle** for doing the same routine every day. `3-4`
매일 똑같은 일상에 **안주하지** 마세요.

Here are the steps to **settle** conflicts between employees. `7-4`
다음은 직원들 간의 갈등을 **해결하기** 위한 단계들이다.

359

shade
[ʃeid]

명 그늘, 음영

Aren't their most common colors black and brown with **shades** of gold? `4-1`

그것들의 가장 흔한 색은 검은색과 갈색에 금색 **음영**이 있는 것이 아닌가?

360

shake
[ʃeik]

shaky
형 떨리는

동 흔들다, 흔들리다

You should **shake** the content of the bottle before spraying. `1-4`

스프레이를 뿌리기 전에 병의 내용물을 **흔들어야** 한다.

361

share
[ʃεər]

동 공유하다 **명** 몫, 주식

The members **share** personal notes and even helpful tips. `3-3`

회원들은 개인 노트와 심지어는 유용한 팁까지 **공유한다**.

362

shelter
[ʃéltər]

명 은신처, 보호소

Would you like to go with me to the animal **shelter**? `4-1`

저와 함께 동물 **보호소**에 가실래요?

363

ship

[ʃíp]

shipping 명 배송, 운송

shipment 명 수송, 수송품

통 배송하다, 운송하다　명 배, 선박

We **ship** to anywhere in the United States.　5-2

저희는 미국 어느 곳으로든 **배송**합니다.

364

shrub

[ʃrʌb]

명 관목

You'll learn how to choose the best flowers and **shrubs** for a certain project.　3-2

당신은 특정 프로젝트에 가장 좋은 꽃과 **관목**을 선택하는 방법을 배울 것이다.

365

silence

[sáiləns]

silent

형 고요한, 말이 없는

명 침묵, 말없음

I need to talk to someone after hours of **silence**.　3-3

나는 몇 시간 **말을 안 하고** 난 후에는 누군가와 이야기를 해야 한다.

366

simply

[símpli]

부 단순히, 그저 (~하기만)

If you don't have a printed manual, **simply** search the Internet for instructions.　6-4

인쇄된 메뉴얼이 없다면 인터넷에서 **그저** 설명서를 검색**하기만** 하세요.

367

situation
[sìtʃuéiʃən]

명 **상황**

This course will help students address different academic and social **situations**. 6-2

이 과정은 학생들이 여러 학문적, 사회적 **상황**을 다루는 데 도움을 줄 것이다.

368

sleek
[sli:k]

형 **날렵한, 맵시 있는**

The motor scooter has a **sleek** design. 4-2

그 모터 스쿠터는 **날렵한** 디자인을 가지고 있다.

369

slightly
[sláitli]

부 **약간**

Some products can be **slightly** damaged. 5-2

일부 제품은 **약간** 손상되었을 수 있다.

370

slot
[slɑːt, slɔt]

명 **자리, 시간** 명 **(끼우는) 홈**

You may visit our office to reserve a **slot** for your chosen course. 6-2

선택한 코스를 위한 **자리**를 예약하기 위해 저희 사무실을 방문할 수 있습니다.

371

snuff

[snʌf]

= extinguish

동 (촛불 등을) 끄다

Make sure to **snuff** the candles out after use. `5-4`

사용 후에 촛불 **끄는** 것을 명심해라.

372

soil

[soil]

명 토양, 흙

You will learn about how to improve each of them based on **soil** tests. `3-2`

토양 검사를 바탕으로 각각 그것들을 개선하는 방법에 대해 배울 것이다.

373

solution

[səlúːʃən]

solve
동 해결하다

명 해결책

Once everyone agrees to the **solution**, check if it's possible to put it into action. `7-3`

모든 사람이 그 **해결책**에 동의하고 나면, 그것을 실행에 옮길 수 있는지 확인해라.

374

spend

[spend]

동 (시간을) 보내다, (돈을) 쓰다

Spend some time talking with your co-workers. `2-4`

동료들과 이야기하면서 시간을 **보내라**.

Driving to the venue means **spending** on gas. `6-3`

행사장까지 운전하는 것은 연료비를 **쓴다는** 것을 뜻한다.

375

spread
[spred]

동 퍼뜨리다, 펼치다

Alcohol will help **spread** out the essential oils later on. 1-4

알코올은 나중에 에센셜 오일을 **퍼뜨리는** 것을 돕는다.

376

steady
[stédi]

steadily
부 꾸준히

형 고정된, 꾸준한

Photographers must keep their hands **steady** while shooting. 6-4

사진사들은 사진을 찍는 동안 손이 **고정되도록** 해야 한다.

377

stick
[stik]

동 (하던 것을) 계속하다, 붙이다　**명** 막대

Should I **stick** with regular or switch to organic? 2-3

일반 샴푸를 **계속 써야** 할까 아니면 유기농으로 바꿔야 할까?

378

store
[stɔː(r)]

storage
명 저장, 창고

동 저장하다, 비축하다　**명** 상점

One tablet can **store** thousands of files in its memory. 7-3

하나의 태블릿은 수천 개의 파일을 메모리에 **저장할** 수 있다.

379

structure
[strʌ́ktʃər]

명 구조

Research about the company's **structure** and the executives who run it. 4-4

회사의 **구조**와 회사를 운영하는 경영진에 대해 조사해라.

380

struggle
[strʌ́gl]

= strive

동 애쓰다, 분투하다   **명** 투쟁, 분투

Beginners **struggle** to understand modern dance. 7-2

초보자들은 현대 무용을 이해하기 위해 **애쓴다**.

381

submit
[səbmít]

= hand in

동 제출하다

You have to **submit** certain requirements to get their approval. 6-1

그들의 승인을 받으려면 특정한 필요 서류를 **제출해야** 한다.

382

succeed
[səksíːd]

success
명 성공

동 성공하다   **동** 이어받다

For any organization to **succeed**, people have to work in teams. 3-4

어떤 조직이든 **성공하기** 위해서는 사람들이 팀을 이뤄 일해야 한다.

383

suddenly

[sʌ́dnli]

부 갑자기

Do you see how you're **suddenly** more open to the world and to other people? `1-2`

당신은 어떻게 **갑자기** 세상과 다른 사람들에게 더 개방적이 되는지 아시나요?

384

supervisor

[s(j)ú:pərvàizər]

supervise
통 감독하다

명 관리자, 감독자

If you're the **supervisor**, you can monitor their progress. `7-4`

당신이 **관리자**라면, 진행 상황을 감시할 수 있다.

385

tempt

[tempt]

temptation
명 유혹

통 유혹하다, 부추기다

You may be **tempted** to take an attractive offer right away. `3-4`

당신은 당장 매력적인 제안을 수락하고 싶은 **유혹이 들지도** 모른다.

386

threat

[θret]

threaten
통 위협하다

명 위협, 협박

These air fresheners are actually a serious **threat** to our health. `1-4`

이 방향제들은 실제로 우리 건강에 심각한 **위협**이 된다.

387

traditional
[trədíʃənəl]

tradition
명 전통

형 전통적인

I have a cousin who got his degree from a **traditional** school. 4-3

나는 **전통적인** 학교에서 학위를 받은 사촌이 있다.

388

trait
[treit]

= characteristic
= feature

명 특성, 특징

The purpose of the talk is to explain the different **traits** of employees. 7-4

이 강연의 목적은 직원들의 다양한 **특성들**을 설명하려는 것이다.

389

transform
[trænsfɔ́:rm]

= change
= alter
= convert

동 변형하다, 바꾸다

You can **transform** your small balcony into a beautiful outdoor retreat. 5-4

당신의 작은 발코니를 아름다운 야외 휴양지로 **바꿀** 수 있다.

390

transition
[trænzíʃən]

= shift
= conversion

명 전환, 변화

How do you make the **transition** back to work easier? 2-4

어떻게 업무로 돌아가는 **전환**을 더 쉽게 할 수 있을까요?

391

trip
[trip]

명 (짧은) 여행, 이동

Are you ready for your **trip** to Coppola Island? 2-1

코폴라 섬으로 **여행** 갈 준비는 되었니?

통 걸려 넘어지다

With a small dog, you'll have to be careful not to **trip** over it. 4-1

작은 개와 함께라면, 강아지에 **걸려 넘어지지** 않도록 조심해야 할 것이다.

392

tuition
[tjuːíʃən]

명 수업료, 등록금

The school might increase the **tuition** fees to pay for the higher electric bills. 7-3

학교는 더 높아진 전기료를 내기 위해 **등록금**을 인상할지도 모른다.

393

undecided
[ʌndisáidid]

형 결정하지 못한

I'm **undecided** whether to watch a web-based seminar or attend one in person. 6-3

나는 웹 세미나를 볼 것인지, 직접 참석할 것인지 **결정하지 못했다**.

394

unstable
[ʌnstéibl]

형 **불안정한**

Artificial air fresheners include **unstable** substances.
1-4

인공 방향제는 **불안정한** 물질을 포함하고 있다.

395

usual
[júːʒuəl]

usually
부 일반적으로, 보통

형 **평소의, 보통의**

The seminar takes place during my **usual** nine-to-five schedule. 6-3

그 세미나는 나의 **평소** 9시부터 5시까지의 일정 중에 진행된다.

396

valid
[vǽlid]

validity
명 타당성

형 **타당한, 유효한**

The co-worker may have a **valid** opinion although you may not like him. 7-4

당신이 좋아하지 않더라도 그 동료가 **타당한** 의견을 가지고 있을 수 있다.

397

venue
[vénjuː]

명 **행사장, 개최지**

The caterer finished setting up the **venue**. 5-1

출장서비스 업체가 **행사장** 설치를 마쳤다.

398

warehouse

[wɛ́ərhàus]

명 창고

It costs money to store the excess clothes in **warehouses**. 5-2

남는 옷을 **창고**에 보관하는 것은 돈이 든다.

399

wordy

[wə́:rdi]

형 장황한

All people see in online shopping are several pictures and **wordy** descriptions of the product. 1-3

온라인 쇼핑에서 사람들이 보는 전부는 제품에 대한 몇 장의 사진과 **장황한** 설명뿐이다.

400

worth

[wə́:rθ]

* worth + ~ing

명 가치, 값어치

You can enjoy free shipping when you buy more than fifty dollars' **worth** of goods. 5-2

50달러**어치** 이상의 물건을 사면 무료 배송을 누릴 수 있다.

형 가치가 있는

Because organic shampoo is all-natural, it is **worth** buying. 2-3

유기농 샴푸는 완전히 천연이기 때문에 살 **가치가 있다**.

DAY 11 TEST

A 단어와 의미를 알맞게 연결하세요.

01. seek •

• ① 분리된, 분리하다

02. separate •

• ② (촛불 등을) 끄다

03. settle •

• ③ 제출하다

04. snuff •

• ④ 찾다, 추구하다

05. struggle •

• ⑤ 유혹하다, 부추기다

06. submit •

• ⑥ 정착하다, 해결하다

07. tempt •

• ⑦ 애쓰다, 분투

B 빈칸에 알맞은 단어를 보기에서 고르세요.

① scent	② shelter	③ sleek
④ threat	⑤ tuition	⑥ valid
⑦ venue	⑧ worth	

08. The motor scooter has a _____ design.
그 모터 스쿠터는 날렵한 디자인을 가지고 있다.

09. The caterer finished setting up the _____.
출장서비스 업체가 행사장 설치를 마쳤다.

10. You can add more drops, depending on how strong you
want the _____ to be.
향이 얼마나 강하길 원하느냐에 따라 더 많은 방울을 첨가할 수 있다.

11. Would you like to go with me to the animal _____?

저와 함께 동물 보호소에 가실래요?

12. The co-worker may have a _____ opinion although you may not like him.

당신이 좋아하지 않더라도 그 동료가 타당한 의견을 가지고 있을 수 있다.

13. You can enjoy free shipping when you buy more than fifty dollars' _____ of goods.

50달러어치 이상의 물건을 사면 무료 배송을 누릴 수 있다.

14. These air fresheners are actually a serious _____ to our health.

이 방향제들은 실제로 우리 건강에 심각한 위협이 된다.

15. The school might increase the _____ fees to pay for the higher electric bills.

학교는 더 높아진 전기료를 내기 위해 등록금을 인상할지도 모른다.

MEMO

Reading
VOCA

Target Words 알고 있는 단어에 체크해 보세요.			
001 **abdomen**	☐	026 **ancestor**	☐
002 **abundant**	☐	027 **anesthesia**	☐
003 **access**	☐	028 **annual**	☐
004 **accomplish**	☐	029 **apparent**	☐
005 **account**	☐	030 **applicant**	☐
006 **accounting**	☐	031 **apprentice**	☐
007 **achievement**	☐	032 **archeological**	☐
008 **acquire**	☐	033 **arrange**	☐
009 **actual**	☐	034 **arrogant**	☐
010 **address**	☐	035 **artificial**	☐
011 **admire**	☐	036 **assemble**	☐
012 **adoptive**	☐	037 **assess**	☐
013 **advanced**	☐	038 **assistant**	☐
014 **advertising**	☐	039 **associate**	☐
015 **aesthetically**	☐	040 **assume**	☐
016 **affair**	☐	041 **astronomer**	☐
017 **affordable**	☐	042 **attack**	☐
018 **agree**	☐	043 **attempt**	☐
019 **agriculture**	☐	044 **attention**	☐
020 **air**	☐	045 **attitude**	☐
021 **airtight**	☐	046 **attract**	☐
022 **allot**	☐	047 **attraction**	☐
023 **allow**	☐	048 **audience**	☐
024 **alter**	☐	049 **audit**	☐
025 **amenity**	☐	050 **authority**	☐

001

abdomen

[ǽbdəmən]

명 (곤충의) 복부

The **abdomen** is where wax and honey are made. 2-3

복부는 밀랍과 꿀이 만들어지는 곳이다.

002

abundant

[əbʌ́ndənt]

= plentiful

형 풍부한

Honeybees build their homes close to an **abundant** supply of flowers. 2-3

꿀벌들은 그들의 집을 꽃들이 **풍부하게** 제공되는 곳 가까이에 짓는다.

003

access

[ǽkses]

accessible
형 접근하기 쉬운

명 접속, 접근

Bank tellers have instant **access** to customers' personal accounts. 7-2

금전 출납원은 고객의 개인 계정에 즉시 **접속**할 수 있다.

004

accomplish

[əkά:mpliʃ]

동 달성하다, 성취하다

The studies were about the effects of using the method to **accomplish** a goal. 4-2

그 연구는 목표를 **달성하기** 위한 그 방법의 사용의 효과에 관한 것이었다.

005

account

[əkáunt]

명 계정, 계좌

A growing number of them are tapping into customer **accounts**. 7-2

그들 중 점점 더 많은 이들이 고객 **계정**을 도용하고 있다.

명 설명, 기록

St. Elmo's fire is mentioned in several historical **accounts**. 3-3

성 엘모의 불은 여러 역사적 **기록**에 언급되어 있다.

006

accounting

[əkáuntiŋ]

명 회계

Our **accounting** department believes that this audit is needed. 7-4

우리 **회계** 부서는 이 감사가 필요하다고 생각한다.

007

achievement

[ətʃíːvmənt]

= accomplishment

achieve
동 성취하다

명 성취, 업적

Despite this **achievement**, Chrysler left GM. 3-1

이러한 **성취**에도 불구하고 크라이슬러는 GM을 떠났다.

008

acquire

[əkwáiər]

= obtain

acquisition
명 습득

동 얻다, 획득하다

He **acquired** his first computer at age 10. `2-1`

그는 10살에 첫 컴퓨터를 **얻었다**.

동 인수하다

In 1999, Compaq Computer Corporation **acquired** Zip 2. `2-1`

1999년 컴팩 컴퓨터는 Zip2를 **인수했다**.

009

actual

[ǽktʃuəl]

actually
부 사실, 실제로

형 실제의

You will also do the **actual** construction. `4-4`

당신은 **실제** 공사도 하게 될 것입니다.

010

address

[ədrés]

동 해결하다, 처리하다 **명** 주소, 연설

To **address** these limitations, the scientists identified a kind of polyethylene. `1-2`

이러한 한계들을 **해결하기** 위해 과학자들은 폴리에틸렌의 한 종류를 발견했다.

011

admire

[ædmáiər, əd-]

= respect(존경하다)

= appreciate(높이 평가하다)

통 **감탄하다, 존경하다**　통 **높이 평가하다**

He **admired** the performance of Ellen Price.　7-3

그는 엘렌 프라이스의 연기에 **감탄했다**.

We **admire** the system that you offer your clients.　4-4

우리는 당신이 고객들에게 제공하는 체계를 **높이 평가합니다**.

012

adoptive

[ədáptiv]

adopt 통 입양하다, 채택하다

adoption 명 입양

형 **입양의, 양~**

Winton found **adoptive** parents for each child.　1-1

윈턴은 각각의 아이들에게 **양**부모를 찾아주었다.

013

advanced

[ædvǽnst]

형 **선진의, 고급의**

Elon Musk is known for running enterprises that use
advanced technologies.　2-1

일론 머스크는 **선진** 기술을 사용하는 기업을 운영하는 것으로
유명하다.

014

advertising

[ǽdvərtàiziŋ]

advertise 통 광고하다

advertisement 명 광고

명 **광고**

It is more similar to the neon lighting used in
advertising.　3-3

그것은 **광고**에 쓰이는 네온 조명과 더 유사하다.

aesthetically
[esθétikəli]

형 심미적으로, 미학적으로

Millennials prefer workplaces that have an **aesthetically** pleasing design. 6-2

밀레니얼 세대는 **심미적으로** 만족스러운 디자인을 한 직장을 선호한다.

---

affair
[əfɛ́ər]

명 (공적으로 중요한) 일, 문제

We share the same interest in global **affairs**. 6-4

우리는 국제 **문제**에 대해 같은 관심을 공유하고 있다.

---

affordable
[əfɔ́ːrdəbl]

afford
동 ~할 형편이 되다

형 저렴한, (가격이) 알맞은, 형편이 되는

His well-received new car had an **affordable** price. 3-1

그의 호평받은 신차는 가격이 **저렴했다.**

---

agree
[əgríː]

= concur

동 동의하다, 합의하다

We **agree** that the system could result in a smooth delivery of your services. 4-4

우리는 이 시스템이 당신의 서비스를 원활하게 제공할 수 있을 것이라는 데 **동의한다.**

019

agriculture

[ǽgrikʌltʃər]

agricultural
형 농업의

명 농업

Honeybees are important in **agriculture** as they transfer pollen. `2-3`

꿀벌은 꽃가루를 옮기기 때문에 **농업**에 중요하다.

020

air

[ɛər]

동 방송하다   명 공기

The new program **aired** on Cartoon Network in 1995. `7-1`

새로운 프로그램은 1995년 카툰 네트워크에서 **방송되었다**.

021

airtight

[ɛ́ərtàit]

형 밀폐된

Jerky should be stored in **airtight** containers. `5-3`

육포는 **밀폐** 용기에 보관되어야 한다.

022

allot

[əlát]

= allocate
= assign

동 할당하다, 배정하다

Three parking spaces were **allotted** to the agency. `1-4`

3개의 주차 공간이 그 회사에 **배정되었다**.

023

allow

[əláu]

= permit

* allow + 목적어 + to부정사

동 허용하다, ~을 가능하게 하다

The new material works by **allowing** the body to release heat. ◀ 1-2

새로운 소재는 신체가 열을 방출하도록 **허용함**으로써 작용한다.

024

alter

[ɔ́:ltə(r)]

= change
= modify

동 바꾸다

Questions are more likely to **alter** one's behavior than statements. ◀ 4-2

질문들은 발언보다 사람의 행동을 **바꿀** 가능성이 더 높다.

025

amenity

[əménəti]

명 (생활) 편의 시설

Older workers place less emphasis on **amenities**. ◀ 6-2

고령의 근로자들은 **편의시설**을 덜 강조한다.

026

ancestor

[ǽnsestər]

명 조상

Cooking gave our human **ancestors** more calories from a limited amount of food. ◀ 2-2

조리는 우리의 **조상들**에게 제한된 양의 음식으로부터 더 많은 칼로리를 주었다.

027

anesthesia

[ænəsθíːʒə]

anesthesiology 명 마취학

anesthetic 명 마취제

명 마취

She began studying the effects of **anesthesia** during childbirth. 4-1

그녀는 출산 중에 **마취**의 영향을 연구하기 시작했다.

028

annual

[ǽnjuəl]

형 매년의, 연간의

On average, a teller receives around $30,000 in **annual** salary. 7-2

평균적으로 창구 직원은 **연봉**으로 약 3만 달러를 받는다.

029

apparent

[əpǽrənt]

= obvious

= evident

형 명백한, 분명한

His love of cars became **apparent** after buying his first car. 3-1

그의 자동차에 대한 사랑은 첫 차를 산 후 **명백해졌다**.

030

applicant

[ǽplikənt]

application
명 지원서, 신청서

apply 통 신청하다, 지원하다

명 지원자, 신청자

Canada canceled it after receiving too many Chinese **applicants**. 5-2

캐나다는 너무 많은 중국인 **신청자**를 받은 후 그것을 취소했다.

031

apprentice

[əpréntis]

명 견습생

At 17, he entered a four-year machinist **apprentice** program. `3-1`

17세 때 그는 4년제 기계공 **견습생** 프로그램에 들어갔다.

032

archeological

[ù:rkiəládʒikəl]

archeology **명** 고고학
archeologist **명** 고고학자

형 고고학적

Recent **archeological** findings propose one of the reasons Neanderthals became extinct. `2-2`

최근의 **고고학적** 발견은 네안데르탈인이 멸종하게 된 이유 중 하나를 제시한다.

033

arrange

[əréindʒ]

arrangement
명 배열, 준비

동 준비하다, 처리하다

He returned to England to **arrange** for the children's rescue. `1-1`

그는 아이들의 구조를 **준비하기** 위해 영국으로 돌아왔다.

동 배열하다

It is so engaging as one has to quickly decide how to **arrange** the pieces. `1-3`

그것은 어떻게 그 조각을 **배열할** 것인지 빨리 결정해야 하기 때문에 대단히 매력적이다.

034

arrogant
[ǽrəgənt]

형 오만한

The **arrogant** queen was tied to a chair. ◀ 6-3

그 **오만한** 여왕은 의자에 묶였다.

035

artificial
[àːrtifíʃəl]

형 인공의, 인조의

Further business ventures include a research company for **artificial** intelligence. ◀ 2-1

추가적인 사업 벤처에는 **인공**지능을 위한 연구 회사가 포함된다.

036

assemble
[əsémbl]

assembly
명 조립

동 조립하다

He **assembled** his own personal computer. ◀ 2-1

그는 자신의 개인용 컴퓨터를 **조립했다**.

037

assess
[əsés]

= evaluate

assessment
명 평가

동 평가하다

"Apgar score" is a method that **assesses** a newborn baby's physical condition. ◀ 4-1

'아프가 점수'는 갓 태어난 아기의 신체 상태를 **평가하는** 방법이다.

038

assistant

[əsístənt]

assist 통 돕다

assistance 명 도움

명 보조, 조수

I started as an editorial **assistant**. 3-4

나는 편집 **보조**로 시작했다.

039

associate

[əsóuʃièit, əsóuʃiət]

association
명 연합, 협회

동 ~와 연관짓다, 관련되다

A group of constellations are named for figures **associated** with the legend of Perseus. 6-3

한 무리의 별자리들은 페르세우스의 전설과 **관련된** 인물들을 따서 이름 지어졌다.

형 준, 부

This letter is in reference to my application for the position of **associate** editor. 6-4

이 편지는 **부**편집장 자리에 대한 저의 지원과 관련한 것이다.

040

assume

[əsúːm]

= suppose

assumption
명 가정

동 ~라고 생각하다, 가정하다   동 책임을 지다

People might **assume** that it can ruin their ability to enjoy the moment. 3-2

사람들은 그것이 순간을 즐기는 능력을 망칠 수 있다고 **생각할**지도 모른다.

041

astronomer

[əstránəmər]

astronomy
명 천문학

명 천문학자

The constellation was first recorded by the Greek **astronomer** Ptolemy. 6-3

이 별자리는 그리스 **천문학자** 프톨레마이오스에 의해 처음 기록되었다.

042

attack

[ətǽk]

동 공격하다 명 공격

Chemical signals are given off when the colony is being **attacked**. 2-3

서식지가 **공격을 받을** 때 화학 신호는 보내진다.

043

attempt

[ətémpt]

* attempt + to부정사

명 시도 동 시도하다

His **attempts** to impress the women often backfire. 7-1

여자들에게 깊은 인상을 심어주려는 그의 **시도**는 종종 역효과를 불러온다.

044

attention

[əténʃən]

명 관심, 주의

Picture-taking can sidetrack one's **attention** from enjoying a moment. 3-2

사진을 찍는 것은 순간을 즐기는 것으로부터 **주의**를 산만하게 할 수 있다.

045

attitude
[ǽtitjùːd]

명 태도

One doesn't have to use yes-or-no questions to prompt a shift in **attitude**. 4-2

태도 변화를 촉진시키기 위해 예/아니오 질문을 사용해야만 하는 것은 아니다.

046

attract
[ətrǽkt]

attractive
형 매력적인

동 끌어들이다, 이끌다

The statue **attracts** over a million tourists every year. 7-3

이 동상은 매년 백만 명 이상의 관광객들을 **끌어 모은다**.

047

attraction
[ətrǽkʃən]

명 매력 **명 (관광) 명소**

It is a well-known tourist **attraction** in Copenhagen. 7-3

그것은 코펜하겐의 유명한 관광 **명소**이다.

048

audience
[ɔ́ːdiəns]

명 관객, 청중

It received positive reviews from the **audience**. 7-1

그것은 **관객들**로부터 긍정적인 평가를 받았다.

049

audit

[ɔ́:dit]

auditor
명 회계감사자

명 회계 감사

The **audit** will be performed by Watkins & Smith Auditing Services. 7-4

감사는 왓킨스 앤 스미스 회계서비스 사에 의해 수행될 것이다.

050

authority

[əθárəti]

authorize
통 권한을 주다

명 당국 명 권한, 권위

Authorities have weighed stronger penalties for lawbreakers. 7-2

당국은 범법자들에 대한 더 강력한 처벌을 고려해 왔다.

A 단어와 의미를 알맞게 연결하세요.

01. alter •	• ① 얻다, 획득하다
02. acquire •	• ② 저렴한, (가격이) 알맞은
03. allot •	• ③ 평가하다
04. affordable •	• ④ 바꾸다
05. amenity •	• ⑤ 할당하다, 배정하다
06. assess •	• ⑥ ~라고 생각하다, 가정하다
07. assume •	• ⑦ (생활) 편의 시설

B 빈칸에 알맞은 단어를 보기에서 고르세요.

① admire	② adoptive	③ applicants
④ achievement	⑤ apparent	⑥ attempts
⑦ attitude	⑧ audit	

08. Despite this _____, Chrysler left GM.

이러한 성취에도 불구하고 크라이슬러는 GM을 떠났다.

09. We _____ the system that you offer your clients.

우리는 당신이 고객들에게 제공하는 체계를 높이 평가합니다.

10. His love of cars become _____ after buying his first car.

그의 자동차에 대한 사랑은 첫 차를 산 후 명백해졌다.

11. Winton found _____ parents for each child.

원턴은 각각의 아이들에게 양부모를 찾아주었다.

12. The _____ will be performed by Watkins & Smith Auditing Services.

감사는 왓킨스 앤 스미스 회계서비스 사에 의해 수행될 것이다.

13. Canada canceled it after receiving too many Chinese _____.

캐나다는 너무 많은 중국인 신청자를 받은 후 그것을 취소했다.

14. One doesn't have to use yes-or-no questions to prompt a shift in _____.

태도 변화를 촉진시키기 위해 예/아니오 질문을 사용해야만 하는 것은 아니다.

15. His _____ to impress the women often backfire.

여자들에게 깊은 인상을 심어주려는 그의 시도는 종종 역효과를 불러온다.

정답 **1** ④ **2** ① **3** ⑤ **4** ② **5** ⑦ **6** ③ **7** ⑥ **8** ④ **9** ① **10** ⑤ **11** ② **12** ⑧ **13** ③ **14** ⑦ **15** ⑥

MEMO

▶ MP3 바로 듣기

DAY 13

Target Words 알고 있는 단어에 체크해 보세요.

051 **award** ☐	076 **communicate** ☐
052 **balance** ☐	077 **compel** ☐
053 **bear** ☐	078 **competitive** ☐
054 **behavioral** ☐	079 **complaint** ☐
055 **block** ☐	080 **complement** ☐
056 **boast** ☐	081 **complete** ☐
057 **bold** ☐	082 **conclusion** ☐
058 **boost** ☐	083 **condition** ☐
059 **breakdown** ☐	084 **confident** ☐
060 **bribe** ☐	085 **confuse** ☐
061 **bundle** ☐	086 **congregate** ☐
062 **candidate** ☐	087 **consideration** ☐
063 **cease** ☐	088 **constellation** ☐
064 **chain** ☐	089 **contact** ☐
065 **charity** ☐	090 **continuous** ☐
066 **chemical** ☐	091 **contribute** ☐
067 **circular** ☐	092 **controversial** ☐
068 **cite** ☐	093 **convey** ☐
069 **citizen** ☐	094 **convince** ☐
070 **client** ☐	095 **coordinate** ☐
071 **climate** ☐	096 **corporate** ☐
072 **cluster** ☐	097 **criminal** ☐
073 **collaborate** ☐	098 **critic** ☐
074 **commission** ☐	099 **criticize** ☐
075 **commonly** ☐	100 **decide** ☐

051

award

[əwɔ́ːrd]

= grant

동 (상 등을) 주다, 수여하다

We have decided to **award** the contract to your company. `4-4`

우리는 귀사에 계약을 **주기**로 결정했습니다.

명 상

It received many nominations, but never won an **award**. `7-1`

그것은 여러 번 후보로 지명받았지만 **상**을 받지는 못했다.

052

balance

[bǽləns]

명 잔액, 균형 　**동** ~의 균형을 맞추다

Some customers maintain a large account **balance**. `7-2`

일부 고객은 거액의 계좌 **잔액**을 유지한다.

053

bear

[bɛər]

동 낳다, 출산하다 　**동** 견디다

Females start **bearing** calves at six to eight years old. `4-3`

암컷은 6~8세 때부터 새끼를 **낳기** 시작한다.

054

behavioral

[bihéivjərəl]

behavior
명 행동

형 태도의, 행동에 관한

A sense of responsibility encourages **behavioral** changes. 4-2

책임감은 **행동** 변화를 촉진한다.

055

block

[blɑk]

동 막다, 차단하다

This radiation could leave the body without being **blocked** by clothing. 1-2

이 방사선은 옷에 의해 **막히지** 않고 몸에서 빠져나갈 수 있다.

056

boast

[boust]

= brag
= show off

동 자랑하다, 뽐내다

Queen Cassiopeia **boasted** that she was more beautiful than the sea nymphs. 6-3

카시오페이아 여왕은 그녀가 바다의 요정들보다 더 아름답다고 **자랑했다**.

057

bold

[bould]

형 대담한

His first book demonstrated the sort of **bold**, poetic expression. 5-1

그의 첫 번째 책은 일종의 **대담하고** 시적인 표현을 보여주었다.

058

boost
[buːst]

= encourage
= promote

동 증진시키다, 향상시키다

Picture-taking can **boost** one's enjoyment. `3-2`

사진을 찍는 것은 즐거움을 **증진시킬** 수 있다.

059

breakdown
[bréikdaun]

명 쇠약, 몰락, 고장

Nietzsche was hospitalized for a mental **breakdown** in 1889. `5-1`

니체는 1889년 신경**쇠약**으로 병원에 입원했다.

060

bribe
[braib]

명 뇌물 **동** 뇌물을 주다

According to security experts, tellers are particularly open to **bribes**. `7-2`

보안 전문가들에 따르면, 금전 출납원들은 **뇌물**에 특히 노출되어 있다.

061

bundle
[bʌ́ndl]

동 묶음으로 제공하다 **명** 묶음, 다발

Tetris was **bundled** with Nintendo's handheld system, the GameBoy. `1-3`

테트리스는 닌텐도의 손에 드는 시스템인 게임보이와 **묶음으로 제공되었다**.

062

candidate
[kǽndidèit]

명 지원자, 후보자

She talked to one of the ideal **candidates** for the position. 6-4

그녀는 그 자리에 이상적인 **지원자들** 중 한 명과 이야기를 나누었다.

063

cease
[siːs]

= end

* cease + to부정사

동 끊다, 중단하다

She will **cease** to have faith in the partnership. 7-4

그녀는 파트너십에 대한 믿음을 **끊을** 것이다.

064

chain
[tʃein]

명 일련, 연속

He launched the first in a **chain** of successful business ventures. 2-1

그는 **일련의** 성공적인 비즈니스 벤처들의 첫 번째 회사를 설립했다.

065

charity
[tʃǽrəti]

명 자선, 자선 단체

Musk is recognized for his environmental and **charity** work. 2-1

머스크는 환경과 **자선** 활동으로 인정받고 있다.

chemical

[kémikəl]

chemistry
명 화학 (반응)

형 화학의

The honeybee's body gives off **chemical** signals to find mates for the queen. `2-3`

꿀벌의 몸은 여왕벌의 짝을 찾기 위한 **화학** 신호를 보낸다.

명 화학 물질

The scientists treated the plastic with **chemicals** to allow it to "breathe" like a natural fiber. `1-2`

과학자들은 플라스틱이 천연 섬유처럼 '호흡'할 수 있도록 **화학 물질**로 플라스틱을 처리했다.

067

circular

[sə́:rkjulər]

형 원형의

A bee is performing the "round dance," or flying in a fast, **circular** motion. `2-3`

벌은 '원형 춤', 즉 빠르고 **둥근** 동작으로 나는 것을 선보이고 있다.

068

cite

[sait]

= quote

동 인용하다

The researchers **cited** an experiment. `3-2`

연구원들은 한 실험을 **인용했다**.

069

citizen
[sítizən]

citizenship
명 시민권

명 시민

It was in 2002 that Musk became a US **citizen**. `2-1`

머스크가 미국 **시민**이 된 것은 2002년이다.

070

client
[kláiənt]

명 고객

We admire the system that you offer your **clients**. `4-4`

우리는 당신이 **고객들**에게 제공하는 체계를 높이 평가한다.

071

climate
[kláimit]

명 기후

It could make people more comfortable in hotter **climates**. `1-2`

그것은 더 더운 **기후**에서 사람들을 더 편안하게 만들 수 있다.

072

cluster
[klʌ́stər]

명 무리, 떼, 집단

It looks like a **cluster** of stars or fireworks. `3-3`

그것은 별들의 **무리** 또는 불꽃놀이처럼 보인다.

073

collaborate

[kəlǽbərèit]

= cooperate

동 협업하다

They are creating employee lounges to encourage workers to **collaborate**. 6-2

그들은 근로자들의 **협업**을 장려하기 위해 직원 휴게실을 만들고 있다.

074

commission

[kəmíʃən]

동 의뢰하다, 위임하다   동 위원회, 수수료

The small statue was **commissioned** by Carl Jacobsen. 7-3

작은 조각상은 칼 야콥슨에 의해 제작이 **의뢰되었다**.

075

commonly

[kάmənli]

common
형 일반적인, 흔한

부 흔히, 일반적으로, 보통

St. Elmo's fire **commonly** occurs on pointed objects. 3-3

성 엘모의 불은 **흔히** 뾰족한 물체에서 발생한다.

076

communicate

[kəmjúːnəkèit]

communication
명 의사소통

동 (의사)소통하다

These nerve endings allow the narwhal to **communicate** with others. 4-3

이런 신경 말단들은 일각돌고래가 다른 고래들과 **소통할** 수 있게 해준다.

077

compel
[kəmpél]

* compel + 목적어
  + to부정사

동 강요하다, 강제하다

It **compels** people to show others that they are achievers. `4-2`

그것은 사람들이 다른 이들에게 그들이 성취하는 사람이라는 것을 보여주도록 **강요한다**.

078

competitive
[kəmpétətiv]

compete **동** 경쟁하다

competition **명** 경쟁, 대회

형 경쟁력 있는

Companies that cater to the preferences of millennials are becoming **competitive**. `6-2`

밀레니얼 세대의 선호에 부응하는 기업들은 **경쟁력을 갖추게** 된다.

079

complaint
[kəmpléint]

complain
동 불평하다, 투덜대다

명 불평, 불만 (사항)

I shall take my **complaint** to the homeowner's board. `1-4`

내 **불만**을 주택 소유주 위원회에 제기하겠습니다.

080

complement
[kάːmpləmənt, kάːmpləmənt]

동 보완하다, 보충하다 **명** 보완

My expert input will **complement** that of the other auditors. `3-4`

저의 전문가적 조언은 다른 감사들의 의견을 **보완할** 것입니다.

081

complete
[kəmplíːt]

completely
부 완전히

형 완전한　동 완성하다, 끝마치다

We are requesting your **complete** cooperation.　7-4

우리는 당신의 **완전한** 협력을 요청합니다.

He asked for William's cooperation to **complete** the audit quickly.　7-4

그는 감사를 신속하게 **끝마치기** 위해 윌리엄스의 협조를 요청했다.

082

conclusion
[kənklúːʒən]

conclude
동 결론을 내리다, 끝내다

명 결론, 결말

We are hoping to reach an acceptable **conclusion** with the audit.　7-4

우리는 감사와 함께 수락 가능한 **결론**에 도달하길 바라고 있다.

083

condition
[kəndíʃən]

명 상태, 조건

It assesses a newborn baby's physical **condition**.　4-1

그것은 갓 태어난 아기의 신체 **상태**를 평가한다.

084

confident
[kánfədənt]

confidence
명 자신감, 신뢰

형 확신하는, 자신이 있는

I am **confident** that we share the same interest.　6-4

나는 우리가 같은 관심을 공유하고 있다고 **확신한다**.

085

confuse
[kənfjúːz]

confusion
명 혼동, 혼란

동 **혼동시키다, 헷갈리게 하다**

It is sometimes **confused** with lightning. 3-3
그것은 가끔 번개와 **혼동되기도** 한다.

086

congregate
[káŋɡriɡèit]

= gather
= get together

동 **모이다**

Several small groups occasionally **congregate** to form larger groups. 4-3
몇몇 작은 그룹은 때때로 **모여서** 더 큰 그룹을 형성한다.

087

consideration
[kənsìdəréiʃən]

consider
동 고려하다

명 **고려, 숙고**

The main subject of **consideration** is a gap from the two businesses. 7-4
주요 **고려** 대상은 두 업체의 차이이다.

088

constellation
[kànstəléiʃən]

명 **별자리**

Cassiopeia is one of the easiest **constellations** to find. 6-3
카시오페이아는 가장 찾기 쉬운 **별자리** 중 하나이다.

089

contact
[kɑ́ntækt]

동 연락하다　명 연락, 접촉

If you have any questions about the process, please **contact** Susan. 7-4

과정에 대해 궁금한 점이 있으시면 수잔에게 **연락하세요.**

090

continuous
[kəntínjuəs]

continuously
부 끊임없이, 계속

형 계속적인, 연속적인

The goal is to form a **continuous** horizontal line. 1-3

목표는 **연속적인** 가로선을 만드는 것이다.

091

contribute
[kəntríbju(:)t]

contribution
명 기여, 공헌

동 기여하다, ~의 원인이 되다

Sharks **contribute** to the decrease in the animals' population. 4-3

상어들은 그 동물의 개체 수 감소**의 원인이 된다.**

092

controversial
[kὰntrəvə́ːrʃəl]

= debatable

형 논란이 되는, 논쟁의

Many of his works remain **controversial** to this day. 5-1

그의 작품 중 많은 것들이 오늘날까지도 **논란이 되고** 있다.

093

convey
[kənvéi]

동 전달하다, 운반하다

The movement **conveys** the distance and direction of the food. ◀ 2-3

그 움직임은 먹이의 거리와 방향을 **전달한다**.

094

convince
[kənvíns]

= persuade (설득하다)

= assure (확신시키다)

* convince + 목적어
  + to부정사/that절

동 설득하다, 확신시키다

I am **convinced** that I am an ideal candidate for the position. ◀ 6-4

나는 내가 그 자리에 이상적인 지원자라고 **확신한다**.

095

coordinate
[kouɔ́ːrdəneit]

동 조정하다

This will allow us to **coordinate** with only one contact. ◀ 4-4

이것은 우리가 한 번의 연락만으로 **조정할** 수 있도록 해준다.

096

corporate
[kɔ́ːrpərit]

형 기업의, 회사의

He owned the majority of the stock that gave him **corporate** control. ◀ 3-1

그는 주식의 대부분을 보유해 **기업의** 지배권을 가졌다.

097

criminal

[krímənəl]

crime
명 범죄

형 범죄의　명 범죄자

The Nazi Party used his work as an excuse for its **criminal** activities.　5-1

나치당은 그의 연구를 그들의 **범죄적** 행위의 구실로 이용했다.

098

critic

[krítik]

명 비평가

Animated series are now held in high regard by **critics**.　7-1

애니메이션 시리즈는 현재 **비평가들**에 의해 높이 평가되고 있다.

099

criticize

[krítisàiz]

criticism
명 비판, 비평

통 비판하다, 비평하다

Many of his works were **criticized** for their anti-Christian ideas.　5-1

그의 작품 중 많은 것들은 반기독교적인 발상으로 **비판받았다**.

100

decide

[disáid]

decision
명 결심, 결정

통 결정하다, 결심하다

He **decided** to join the Internet boom.　2-1

그는 인터넷 붐에 동참하기로 **결정했다**.

DAY 13 TEST

A 단어와 의미를 알맞게 연결하세요.

01. boast	•	• ① 비판하다, 비평하다
02. cite	•	• ② 의뢰하다, 위원회, 수수료
03. criticize	•	• ③ 인용하다
04. commission	•	• ④ 모이다
05. compel	•	• ⑤ 자랑하다, 뽐내다
06. congregate	•	• ⑥ 설득하다, 확신시키다
07. convince	•	• ⑦ 강요하다, 강제하다

B 빈칸에 알맞은 단어를 보기에서 고르세요.

① award	② boost	③ conclusion
④ complement	⑤ contribute	⑥ convey
⑦ coordinate	⑧ climate	

08. Picture-taking can _____ one's enjoyment.

사진을 찍는 것은 즐거움을 증진시킬 수 있다.

09. We are hoping to reach an acceptable _____ with the audit.

우리는 감사와 함께 수락 가능한 결론에 도달하길 바라고 있다.

10. It received many nominations, but never won an _____.

그것은 여러 번 후보로 지명 받았지만 상을 받지는 못했다.

11. The movement may _____ the distance and direction of the food.

그 움직임은 먹이의 거리와 방향을 전달할 지도 모른다.

12. My expert input will _____ that of the other auditors.

저의 전문가적 조언은 다른 감사들의 의견을 보완할 것입니다.

13. Sharks _____ to the decrease in the animals' population.

상어들은 그 동물의 개체 수 감소에 기여한다.

14. It could make people more comfortable in a hotter _____.

그것은 더 더운 기후에서 사람들을 더 편안하게 만들 수 있다.

15. This will allow us to _____ with only one contact.

이것은 우리가 한 번의 연락만으로 조정할 수 있도록 해준다.

Target Words 알고 있는 단어에 체크해 보세요.

101 **dedication**	☐	126 **divide**	☐
102 **defect**	☐	127 **division**	☐
103 **degree**	☐	128 **dominate**	☐
104 **deliver**	☐	129 **doubt**	☐
105 **demise**	☐	130 **drain**	☐
106 **demonstrate**	☐	131 **due**	☐
107 **department**	☐	132 **eagerness**	☐
108 **derive**	☐	133 **editorial**	☐
109 **describe**	☐	134 **effective**	☐
110 **deter**	☐	135 **effort**	☐
111 **determined**	☐	136 **electricity**	☐
112 **develop**	☐	137 **elevate**	☐
113 **dictate**	☐	138 **emergency**	☐
114 **difference**	☐	139 **emphasis**	☐
115 **diminish**	☐	140 **employ**	☐
116 **disappearance**	☐	141 **enclose**	☐
117 **disaster**	☐	142 **endure**	☐
118 **discrepancy**	☐	143 **engaged**	☐
119 **display**	☐	144 **enlarge**	☐
120 **disregard**	☐	145 **enrage**	☐
121 **disruptive**	☐	146 **entertain**	☐
122 **dissolve**	☐	147 **enthusiast**	☐
123 **distinct**	☐	148 **entrepreneur**	☐
124 **distribute**	☐	149 **entry**	☐
125 **diverse**	☐	150 **environment**	☐

101

dedication
[dèdikéiʃən]

= devotion
= commitment

명 헌신

They can vouch for my **dedication** to producing work of the highest quality. `6-4`

그들은 최고 품질의 작업물을 만들기 위한 내 **헌신**을 보증할 수 있다.

102

defect
[difékt]

defective
형 결함이 있는, 결여되어 있는

명 결함, 결점

She gave lectures about birth **defects** at the foundation. `4-1`

그녀는 그 재단에서 선천성 **결함**에 대한 강의를 했다.

103

degree
[digríː]

명 학위 **명 정도**

He received his bachelor's **degrees** in economics and physics. `2-1`

그는 경제학 및 물리학 학사 **학위**를 받았다.

104

deliver
[dilívər]

delivery
명 배달

동 배달하다 **동 (연설, 일 등을) 제공하다**

We can **deliver** an order that size within two to three days. `2-4`

그 정도 크기의 주문은 2~3일 이내에 **배달할** 수 있다.

105

demise
[dimáiz]

명 소멸, 종말

It may have been a key factor in their **demise**. `2-2`

그것이 그들의 **소멸**에 중요한 요인이 되었을 지도 모른다.

106

demonstrate
[démənstrèit]

= show

동 나타내다, 보여주다

His first book **demonstrated** the sort of bold, poetic expression. `5-1`

그의 첫 책은 일종의 대담하고 시적인 표현을 **보여주었다**.

107

department
[dipá:rtmənt]

명 부서, 과

She called the HR **department** to ask about the job. `6-4`

그녀는 일자리에 대해 물어보기 위해 인사 **부서**에 전화했다.

108

derive
[diráiv]

= originate

동 유래하다

The name "Tetris" **derives** from tetra, the Greek word for "four." `1-3`

테트리스라는 이름은 그리스어로 '4'를 뜻하는 테트라(tetra)에서 **유래한다**.

109

describe
[diskráib]

description
명 묘사, 서술

동 묘사하다, 기술하다

Although **described** as "fire," the phenomenon is actually heatless. 3-3

'불'이라고 **묘사**되지만, 그 현상은 실제로 열이 없다.

110

deter
[ditə́:(r)]

= discourage

동 단념시키다, 그만두게 하다

She was not **deterred** by the terms of the modeling job. 7-3

그녀는 모델 업무의 조건 때문에 **단념하지** 않았다.

111

determined
[ditə́:rmind]

determine
동 결심하다, 결정하다

형 결단력이 있는, 단호한

Being **determined** can help in fulfilling goals. 4-2

결단력을 갖는 것은 목표를 달성하는 데 도움이 될 수 있다.

112

develop
[divéləp]

동 개발하다 동 발전시키다

She **developed** the Apgar score in 1952. 4-1

그녀는 1952년에 아프가 점수를 **개발하였다**.

Nietzsche was known for **developing** the concept of the "super-man." 5-1

니체는 '초인'의 개념을 **발전시킨** 것으로 알려져 있었다.

113

dictate

[díkteit]

동 받아 적게 하다, 말하다 **동 지시하다**

The leaders **dictated** words for Sequoyah to write. `6-1`

지도자들은 세쿼야가 받아 적도록 단어들을 **말했다**.

114

difference

[dífərəns]

differ from 동 ~와 다르다

different 형 다른

명 (의견) 차이

Chrysler left GM due to **differences** with its founder.
`3-1`

크라이슬러는 설립자와의 **이견**으로 GM을 떠났다.

115

diminish

[dimíniʃ]

= decrease

= reduce

= lessen

동 약화시키다, 감소시키다

It **diminished** Nietzsche's status within his
department. `5-1`

그것은 그의 학과 내에서 니체의 위상을 **약화시켰다**.

116

disappearance

[dìsəpíərəns]

disappear
동 사라지다

명 사라짐, 소멸

It is difficult to conclude about the **disappearance** of
Neanderthals. `2-2`

네안데르탈인의 **멸종**에 대해 결론을 내리는 것은 어렵다.

117

disaster
[dizǽstər]

명 재난, 재해

The foundation provides victims of natural **disasters** with a free source of power. ◀ 2-1

그 재단은 자연 **재해** 피해자들에게 무료 전기를 제공한다.

118

discrepancy
[diskrépənsi]

= disagreement

명 불일치, 모순

The audit was prompted by **discrepancies** in some of your work orders and invoices. ◀ 7-4

그 감사는 일부 작업 주문서와 송장의 **불일치**로 인해 촉발되었다.

119

display
[displéi]

명 전시 **명 (감정의) 과시** **동 전시하다**

Since its initial **display**, the statue has been vandalized many times. ◀ 7-3

처음 **전시**되었을 때부터 그 동상은 여러 차례 파손되어 왔다.

A dozen copies of the bronze statue are **displayed**.

◀ 7-3 12개 이상의 청동상이 **전시되었다.**

120

disregard
[dìsrigáːrd]

= ignore
= neglect

동 무시하다, 경시하다

Companies that **disregard** the preferences of millennials are considered out-of-date. ◀ 6-2

밀레니얼 세대들의 선호를 **무시하는** 회사들은 구식으로 여겨진다.

121

disruptive
[disrʌ́ptiv]

형 지장을 주는, 방해하는

Aside from creating **disruptive** noise, most of them smoke cigarettes. `1-4`

방해가 되는 소음을 내는 것 외에도, 그들 대부분은 담배를 핀다.

122

dissolve
[dizálv]

= break up

동 해체하다, 용해되다

After the Soviet Union was **dissolved**, Pajitnov received the rights. `1-3`

소련이 **해체된** 후에 파지트노브는 그 권리를 받았다.

123

distinct
[distíŋkt]

distinction 명 구별, 대조
distinguish 동 구별하다

형 별개의, 다른, 독특한

The whale is **distinct** from other whales because of a straight spiral tusk. `4-3`

그 고래는 곧은 나선형 어금니 때문에 다른 고래들과 **다르다**.

124

distribute
[distríbjuːt]

distribution
명 유통

동 배포하다, 유통하다

The game was already **distributed** in the US and Europe. `1-3`

그 게임은 이미 미국과 유럽에 **배포되었다**.

125

diverse
[divə́ːrs]

diversity 명 다양성
diversify 동 다양화하다

형 **다양한**

It has been referenced in such **diverse** forms of media. 6-3

그것은 **다양한** 형태의 미디어에서 언급되어 왔다.

126

divide
[diváid]

동 **나누다, 분배하다**

Honeybees have hairy bodies that are **divided** into three parts. 2-3

꿀벌은 세 부분으로 **나누어진** 털이 있는 몸을 가지고 있다.

127

division
[divíʒən]

divide 동 나누다
divided 형 분리된

명 **부문, 부서**   명 **분배, 분열**

Chrysler bought the Dodge Brothers car company as a **division** of Chrysler. 3-1

크라이슬러는 크라이슬러의 한 사업 **부문**으로 닷지 브라더스 자동차 회사를 인수했다.

128

dominate
[dámənèit]

dominance 명 지배, 우세
dominant 형 지배적인

동 **지배하다, 우세하다**

They have been **dominated** by rich Chinese citizens. 5-2

그것들은 부유한 중국인들에 의해 **지배되어** 왔다.

129

doubt
[daut]

= suspect

동 의심하다

At first, the Cherokees **doubted** that it would work. `6-1`

처음에 체로키 부족은 그것이 효과가 있을지 **의심했다**.

130

drain
[drein]

동 배수하다, 물기를 빼다

The meat strips are **drained** on clean towels. `5-3`

그 고기 조각들은 깨끗한 수건으로 **물기가 빠지게** 된다.

131

due
[djuː]

* due to ~ 때문에

명 회비　**형** ~할 예정인, ~로 인한

We always pay our monthly **dues** on time. `1-4`

우리는 항상 월 **회비**를 제때 납부한다.

132

eagerness
[íːgərnis]

eager
형 열망하는

명 열망

I would like to restate my **eagerness** to work with your company. `6-4`

귀사와 함께 일하고 싶은 저의 **열망**을 다시 말씀드리고 싶습니다.

133

editorial
[èdətɔ́ːriəl]

edit 통 편집하다 명 편집
editor 명 편집자

형 편집의

We use the same system in our **editorial** processes. 3-4

우리는 **편집** 과정에서 동일한 시스템을 사용한다.

134

effective
[iféktiv]

effectiveness 명 유효성
effectively 부 효과적으로

형 효과적인

Questions answerable by "yes" or "no" tended to be more **effective**. 4-2

'예'나 '아니오'로 대답할 수 있는 질문들이 더 **효과적인** 경향이 있다.

135

effort
[éfərt]

명 노력

His **efforts** at impressing women are always unsuccessful. 7-1

여성들에게 깊은 인상을 주려는 그의 **노력**은 항상 성공하지 못한다.

136

electricity
[ilektrísəti]

명 전기

A benefit of the new cooling fabric is to save money on **electricity** use. 1-2

새로운 냉각 직물의 이점은 **전기** 사용 비용을 절약한다는 것이다.

137

elevate

[éləvèit]

= **raise** (올리다)
= **promote** (승진하다)

> **동** 올리다, 승진시키다
>
> I was **elevated** to editor-in-chief within a few years. `3-4`
>
> 나는 몇 년 안에 편집장으로 **승진했다**.

138

emergency

[imə́:rdʒənsi]

> **명** 비상사태, 위급, 응급
>
> It provides **emergency** solar energy to disaster-hit areas. `2-1`
>
> 그것은 재난 피해 지역에 **비상** 태양 에너지를 제공한다.

139

emphasis

[émfəsis]

emphasize
동 강조하다

> **명** 강조
>
> Older workers place less **emphasis** on workplace decor and amenities. `6-2`
>
> 고령 근로자들은 직장의 인테리어 장식과 편의시설을 덜 **강조**한다.

140

employ

[implɔ́i]

employer
명 고용주

> **동** 사용하다 **동** 고용하다
>
> One reason is their inability to **employ** fire properly. `2-2`
>
> 한 가지 이유는 그들이 불을 제대로 **사용하지** 못하기 때문이다.

141

enclose
[inklóuz]

동 동봉하다

I have **enclosed** my resume for your review. `3-4`

귀하의 검토를 위해 저의 이력서를 **동봉했습니다**.

142

endure
[indjúər]

endurance
명 인내, 내구성

동 견디다, 참다

Doctors measure how well a newborn **endured** the birthing process. `4-1`

의사들은 신생아가 출산 과정을 얼마나 잘 **견뎌냈는지를** 측정한다.

143

engaged
[ingéidʒd]

engaging
형 매력적인, 마음을 끄는

형 ~에 몰두하는, 바쁜

The mental process makes a person more **engaged**. `3-2`

그 정신적인 과정은 사람을 더욱 **몰두하게** 만든다.

144

enlarge
[inláːrdʒ]

동 확대하다, 확장하다

The tusk is an **enlarged** tooth that grows from the upper jaw. `4-3`

그 어금니는 위턱에서 자라는 **확대된** 치아이다.

145

enrage

[inréidʒ]

= anger

동 격분하게 하다

This **enraged** the sea goddesses. 6-3

이것은 바다의 여신들을 **격분하게 했다**.

146

entertain

[èntərtéin]

entertainment
명 오락(물)

동 즐겁게 하다, 환대하다

Our famous local band will **entertain** us during the event. 5-4

우리의 유명한 지역 밴드가 행사 동안 우리를 **즐겁게 해** 줄 것이다.

147

enthusiast

[inθjúːziæst]

enthusiastic **형** 열광적인
enthusiasm **명** 열정, 열광

명 애호가

It is a favorite food of campers and outdoor **enthusiasts**. 5-3

그것은 캠핑족과 야외활동 **애호가들**이 즐겨 찾는 음식이다.

148

entrepreneur

[àːntrəprənə́ːr]

명 사업가, 기업가

Elon Musk is an **entrepreneur** known for founding high-technology companies. 2-1

일론 머스크는 첨단 기술 기업을 설립한 것으로 알려진 **기업가**이다.

149

entry
[éntri]

entrance
명 입구

명 입장, 진입

The UK government plans to make **entry** easier for
Chinese investors. 5-2

영국 정부는 중국 투자자들의 **진입**을 더 용이하게 할 계획이다.

150

environment
[inváiərənment]

environmental
형 환경적인, 환경의

명 환경

Millennial workers place more emphasis on their work
environment. 6-2

밀레니얼 세대 근로자들은 작업 **환경**에 더 중점을 둔다.

DAY 14 TEST

A 단어와 의미를 알맞게 연결하세요.

01. derive   ·
02. describe ·
03. deter   ·
04. enclose ·
05. distribute ·
06. dominate ·
07. enrage ·

· ① 배포하다, 유통하다
· ② 단념시키다, 그만두게 하다
· ③ 묘사하다, 기술하다
· ④ 동봉하다
· ⑤ 격분하게 하다
· ⑥ 유래하다
· ⑦ 지배하다, 우세하다

B 빈칸에 알맞은 단어를 보기에서 고르세요.

① dedication	② defects	③ demise
④ disasters	⑤ distinct	⑥ diverse
⑦ emphasis	⑧ disregard	

08. The foundation provides victims of natural _____ with a free source of power.

그 재단은 자연 재해 피해자들에게 무료 전기를 제공한다.

09. It may have been a key factor in their _____.

그것이 그들의 소멸에 중요한 요인이 되었을 지도 모른다.

10. She gave lectures about birth _____ at the foundation.

그녀는 그 재단에서 선천성 결함에 대한 강의를 했다.

11. They can vouch for my _____ to producing work of the highest quality.

그들은 최고 품질의 작업물을 만들기 위한 내 헌신을 보증할 수 있다.

12. Companies that _____ the preferences of millennials are considered out-of-date.

밀레니얼 세대들의 선호를 무시하는 회사들은 구식으로 여겨진다.

13. Older workers place less _____ on workplace decor.

고령 근로자들은 직장 장식을 덜 강조한다.

14. It has been referenced in such _____ forms of media.

그것은 다양한 형태의 미디어에서 언급되어 왔다.

15. The whale is _____ from other whales because of a straight spiral tusk.

그 고래는 곧은 나선형 어금니 때문에 다른 고래들과 다르다.

▶ MP3 바로 듣기

DAY 15

151 escape	☐	176 figure	☐
152 especially	☐	177 finance	☐
153 evacuate	☐	178 finding	☐
154 evaporate	☐	179 firm	☐
155 eventually	☐	180 flame	☐
156 evidence	☐	181 flavor	☐
157 exclusive	☐	182 flexibility	☐
158 excuse	☐	183 flirt	☐
159 executive	☐	184 fondness	☐
160 exhibit	☐	185 foster	☐
161 existence	☐	186 found	☐
162 expansion	☐	187 fraud	☐
163 expect	☐	188 freight	☐
164 experiment	☐	189 fruitful	☐
165 expertise	☐	190 fulfill	☐
166 explorer	☐	191 fund	☐
167 extend	☐	192 further	☐
168 extensive	☐	193 genuine	☐
169 extent	☐	194 government	☐
170 extinct	☐	195 graduate	☐
171 face	☐	196 greatly	☐
172 facility	☐	197 guilty	☐
173 factor	☐	198 head	☐
174 fascinate	☐	199 hemisphere	☐
175 feature	☐	200 hike	☐

151

escape

[iskéip]

* escape + ~ing

동 달아나다, 빠져나가다

It allows infrared radiation to **escape**. `1-2`

그것은 적외선이 **빠져나가도록** 허용한다.

152

especially

[ispéʃəli]

부 특히

Apgar left a lasting mark in the field of medicine, **especially** in neonatal care. `4-1`

아프가는 의학 분야, **특히** 신생아 간호 분야에서 지속적인 발자취를 남겼다.

153

evacuate

[ivǽkjuèit]

동 대피시키다

He **evacuated** the camp's Jewish children to England. `1-1`

그는 수용소의 유태인 아이들을 영국으로 **대피시켰다**.

154

evaporate

[ivǽpərèit]

동 증발하다

It lets bodily sweat **evaporate**. `1-2`

그것은 땀이 **증발하게** 한다.

155

eventually

[ivéntʃuəli]

= finally

부 결국, 마침내

Winton **eventually** became a stockbroker. ◀ 1-1

윈턴은 **결국** 증권 중개인이 되었다.

156

evidence

[évidəns]

evident
형 분명한, 명백한

명 증거

My perfect score on the exam might be viewed as **evidence** that I am suited for the job. ◀ 6-4

시험에서 만점을 받은 것은 내가 이 일에 적합하다는 **증거**로 보일 것이다.

157

exclusive

[iksklúsiv]

형 독점적인, 전용의

The Soviet government gave the company **exclusive** rights. ◀ 1-3

소련 정부는 그 회사에게 **독점적인** 권리를 주었다.

158

excuse

[ikskjúːs, ikskjúːz]

= justification

명 변명, 핑계, 구실　**동** 양해하다, 봐주다

His work was used as an **excuse** for their criminal activities. ◀ 5-1

그의 연구는 그들의 범죄 행위의 **구실**로 이용되었다.

159

executive

[igzékjətiv]

명 경영진, 임원 **형** 경영의, 행정의

Its **executives** refused to make a new car. `3-1`

경영진은 새로운 차를 만드는 것을 거부했다.

160

exhibit

[igzíbit]

exhibition
명 전시(회)

명 관람, 전시품 **동** 전시하다

Those who took photos of the **exhibits** appreciated them better. `3-2`

전시품들의 사진을 찍은 사람들은 그것들을 더 잘 감상했다.

161

existence

[igzístəns]

exist
동 존재하다

명 존재, 실존, 생존

There are about 75,000 narwhals in **existence** today. `4-3`

오늘날 약 7만 5천 마리의 일각돌고래들이 **생존**해 있다.

162

expansion

[ikspǽnʃən]

expand
동 확장하다

명 확장, 팽창

It became popular during the Europeans' westward **expansion** in North America. `5-3`

그것은 북아메리카에서 유럽인들의 서부 **확장** 시기 동안 유명해졌다.

163

expect

[ikspékt]

expectation 명 기대

* expect + 목적어 + to부정사

동 **기대하다, 예상하다**

I learned more about what you **expect** from an associate editor. 6-4

나는 당신이 부편집장에게 **기대하는** 바를 더 알게 되었다.

164

experiment

[ikspérəmənt]

experimental
형 실험적인

동 **실험하다** 명 **실험**

Her father **experimented** with electricity and radio waves. 4-1

그녀의 아버지는 전기와 전파로 **실험했다**.

165

expertise

[èkspərtíːz]

expert
명 전문가

명 **전문 지식**

They require little computer **expertise**. 7-2

그것들은 컴퓨터에 대한 **전문 지식**을 거의 필요로 하지 않는다.

166

explorer

[iksplóːrər]

explore
동 탐험하다

명 **탐험가**

Traders and **explorers** began to see it as an ideal source of nutrition. 5-3

무역상들과 **탐험가들**은 그것을 이상적인 영양 공급원으로 보기 시작했다.

167

extend
[iksténd]

동 뻗다, 연장하다

It has a straight spiral tusk that **extends** from its face. `4-3`

그것은 얼굴에서 **뻗은** 곧은 나선형 어금니가 있다.

168

extensive
[iksténsiv]

형 광범위한, 포괄적인

Bank tellers do not go through **extensive** background checks during the hiring process. `7-2`

은행 창구 직원은 채용 과정 중에 **광범위한** 신원 조회를 거치지 않는다.

169

extent
[ikstént]

명 정도

Cooking with fire could have affected their survival to some **extent**. `2-2`

불로 조리를 한 것이 그들의 생존에 어느 **정도** 영향을 미쳤을 수 있다.

170

extinct
[ikstíŋkt]

extinction
명 멸종

형 멸종한

One of the reasons Neanderthals became **extinct** may have been their failure to make full use of fire. `2-2`

네안데르탈인이 **멸종하게** 된 이유 중 하나가 불을 충분히 이용하지 못했기 때문일지도 모른다.

171

face
[feis]

| 동 | 직면하다 |

He was moved by the terrible conditions **faced** by Jewish families.   1-1

그는 유태인 가족들이 **직면한** 끔찍한 상황에 마음이 움직였다.

172

facility
[fəsíləti]

| 명 | 시설, 설비 |

They prefer working in urban locations that are close to entertainment **facilities**.   6-2

그들은 유흥 **시설**과 가까운 도시 지역에서 일하는 것을 선호한다.

173

factor
[fǽktər]

| 명 | 요인, 요소 |

The game's simple controls are huge **factors** in its success.   1-3

그 게임의 단순한 제어가 그것의 성공의 큰 **요인**이다.

174

fascinate
[fǽsənèit]

fascination
| 명 | 매료 |

| 동 | 매료시키다 |

He became **fascinated** with the Danish author's fairy tale.   7-3

그는 그 덴마크 작가의 동화에 **매료됐다**.

175

feature

[fíːtʃər]

= characteristic
= trait

동 **특징으로 나타나다** 명 **특징, 기능**

Poetic expressions would **feature** prominently in his later work. `5-1`

시적인 표현은 그의 후기 작품에서 두드러지게 **나타난다**.

176

figure

[fígjər]

명 **인물** 명 **수치**

It appeared in the writing of notable **figures** including Charles Darwin. `3-3`

그것은 찰스 다윈을 포함한 유명한 **인물들**의 글에도 등장했다.

177

finance

[fainǽns, finǽns]

financial
형 재무의, 재정적인

명 **재정, 금융** 동 **자금을 대다**

One can apply for a permanent residency visa by investing **finance** or property. `5-2`

금융이나 부동산에 투자함으로써 영주권 비자를 신청할 수 있다.

178

finding

[fáindiŋ]

명 **(조사, 연구의) 결과, 발견**

Other doctors followed suit after she published her **findings**. `4-1`

그녀가 **연구 결과**를 발표한 후 다른 의사들도 그 뒤를 따랐다.

179

firm
[fəːrm]

명 회사, 기업　**형** 확고한

More and more **firms** are creating more open spaces. `6-2`

점점 더 많은 **기업들**이 더 열린 공간을 만들고 있다.

180

flame
[fleim]

명 불꽃

The **flame** usually comes with a crackling sound. `3-3`

그 **불꽃**은 보통 탁탁 하는 소리와 함께 온다.

181

flavor
[fléivər]

명 맛, 풍미

It is available in different brands and **flavors**. `5-3`

그것은 다양한 브랜드와 **맛**으로 나와 있다.

182

flexibility
[flèksəbíləti]

flexible
형 유연한, 융통성 있는

명 유연성, 융통성

Millennials want offices that allow them more **flexibility**. `6-2`

밀레니얼 세대들은 그들에게 더 많은 **융통성**을 허용하는 사무실을 원한다.

183

flirt
[fləːrt]

[동] 시시덕거리다, 추파를 던지다

He is always **flirting** with women. `7-1`

그는 항상 여자들에게 **추파를 던진다**.

184

fondness
[fándnis]

fond
[형] 좋아하는

[명] 좋아함, 애정

Chrysler's **fondness** for cars showed when he bought his first car. `3-1`

크라이슬러의 자동차에 대한 **애정**은 그의 첫 번째 차를 샀을 때 나타났다.

185

foster
[fɔ́ːstər]

[형] 수양의 [동] 양육하다, 기르다

British **foster** parents received children at the station. `1-1`

영국의 **양**부모들이 역에서 아이들을 맞이했다.

186

found
[fáund]

founder
[명] 창립자

[동] 설립하다, 창립하다

He **founded** The Tetris Company in 1996. `1-3`

1996년에 그는 테트리스 사를 **설립했다**.

187
fraud
[frɔːd]

명 사기

Banks usually stop investigating a suspected **fraud** when a teller resigns. ◁ 7-2

은행들은 보통 창구 직원이 사직하면 **사기** 혐의에 대한 조사를 중단한다.

188
freight
[freit]

명 화물

It is providing a 50% discount on **freight** charges this month. ◁ 2-4

그것은 이번 달 **화물** 운임에서 50% 할인을 제공한다.

189
fruitful
[fruːtfl]

= productive

형 결실이 많은, 알찬

This resulted in his most **fruitful** period of writing. ◁ 5-1

이것은 결과적으로 그의 가장 **결실이 많은** 집필 기간이 되었다.

190
fulfill
[fulfíl]

fulfilling
형 성취감을 주는

동 달성하다, 완수하다

Monitoring one's improvement through a diary can help in **fulfilling** goals. ◁ 4-2

일기를 통해 자신의 발전을 관찰하는 것은 목표를 **달성하는** 데 도움이 될 수 있다.

191
fund
[fʌnd]

명 자금, 기금

Tellers can wire **funds** and sell personal information to thieves. `7-2`

금전 출납원들은 **자금**을 송금하고 개인 정보를 도둑들에게 팔 수 있다.

192
further
[fɔ́ːrðər]

= additional

형 그 이상의, 추가적인   **부** 더 나아가

I have included a brochure, in case you have **further** needs. `2-4`

추가적으로 필요할 것을 대비해 안내 책자를 동봉했습니다.

193
genuine
[dʒénjuən]

= authentic

형 진정한, 진짜의

You need someone with **genuine** enthusiasm. `6-4`

당신은 **진정한** 열정을 가진 사람을 필요로 한다.

194
government
[gʌ́vərnmənt]

명 정부

Governments are allowing Chinese millionaires to live in their country. `5-2`

정부들은 중국의 백만장자들을 자기 나라에서 살도록 허용하고 있다.

195

graduate
[grǽdʒuèit]

graduation
명 졸업

동 졸업하다 명 졸업생

She **graduated** fourth in her class in 1933. `4-1`

그녀는 1933년 그녀의 졸업반에서 4등으로 **졸업했다**.

196

greatly
[gréitli]

부 대단히, 크게

I would **greatly** appreciate having an interview with you. `3-4`

당신과 인터뷰를 하게 되면 **대단히** 감사하겠다.

197

guilty
[gilti]

guilt
명 죄, 유죄

형 유죄의   형 죄책감을 느끼는

They are being found **guilty** of tapping into customer accounts. `7-2`

그들은 고객 계정을 도용한 것으로 **유죄** 판결을 받고 있다.

198

head
[hed]

동 이끌다   동 향하다   명 머리

Apgar became the first woman to **head** a department at the medical center. `4-1`

아프가는 그 의료 센터에서 한 부서를 **이끄는** 최초의 여성이 되었다.

199

hemisphere

[hémisfiər]

명 반구

Cassiopeia is visible for the entire year in the northern **hemisphere**. 6-3

카시오페이아는 북**반구**에서 1년 내내 볼 수 있다.

200

hike

[haik]

= rise

명 급증, 인상

China saw a **hike** in its population of those who only recently acquired wealth. 5-2

중국은 최근에 부를 얻은 사람들의 수가 **급증**했다.

DAY 15 TEST

A 단어와 의미를 알맞게 연결하세요.

01. evacuate ·   · ① 뻗다, 연장하다

02. evaporate ·   · ② 대피시키다

03. extend ·   · ③ 증발하다

04. fascinate ·   · ④ 달성하다, 완수하다

05. found ·   · ⑤ 졸업하다, 졸업생

06. fulfill ·   · ⑥ 설립하다, 창립하다

07. graduate ·   · ⑦ 매료시키다

B 빈칸에 알맞은 단어를 보기에서 고르세요.

① evidence	② expansion	③ expertise
④ extent	⑤ extinct	⑥ freight
⑦ genuine	⑧ guilty	

08. Cooking with fire could have affected their survival to some
_____.

불로 조리를 한 것이 그들의 생존에 어느 정도 영향을 미쳤을 수 있다.

09. My perfect score on the exam might be viewed as _____
that I am suited for the job.

시험에서 만점을 받은 것은 내가 이 일에 적합하다는 증거로 보일 것이다.

10. They require little computer _____.

그것들은 컴퓨터에 대한 전문 지식을 거의 필요로 하지 않는다.

11. It became popular during the Europeans' westward _____ in North America.

그것은 북아메리카에서 유럽인들의 서부 확장 시기 동안 유명해졌다.

12. They are being found _____ of tapping into customer accounts.

그들은 고객 계정을 도용한 것으로 유죄 판결을 받고 있다.

13. You need someone with _____ enthusiasm.

당신은 진정한 열정을 가진 사람을 필요로 한다.

14. One of the reasons Neanderthals became _____ may have been their failure to make full use of fire.

네안데르탈인이 멸종하게 된 이유 중 하나가 불을 충분히 이용하지 못했기 때문일지도 모른다.

15. It is providing a 50% discount on _____ charges this month.

그것은 이번 달 화물 운임에서 50% 할인을 제공한다.

▶ MP3 바로 듣기

DAY 16

Target Words 알고 있는 단어에 체크해 보세요.

201 **hire** ☐	226 **intense** ☐
202 **hollow** ☐	227 **intent** ☐
203 **honor** ☐	228 **invent** ☐
204 **horizontal** ☐	229 **invest** ☐
205 **immigrant** ☐	230 **investigation** ☐
206 **implement** ☐	231 **invite** ☐
207 **impress** ☐	232 **invoice** ☐
208 **inability** ☐	233 **involve** ☐
209 **inclined** ☐	234 **isolation** ☐
210 **independent** ☐	235 **issue** ☐
211 **indicate** ☐	236 **juvenile** ☐
212 **individual** ☐	237 **knowledge** ☐
213 **industry** ☐	238 **labor** ☐
214 **inflate** ☐	239 **lack** ☐
215 **influence** ☐	240 **last** ☐
216 **inform** ☐	241 **lean** ☐
217 **infrared** ☐	242 **length** ☐
218 **inhale** ☐	243 **likewise** ☐
219 **inhibit** ☐	244 **limited** ☐
220 **initially** ☐	245 **linguist** ☐
221 **inquiry** ☐	246 **literature** ☐
222 **inspire** ☐	247 **maintain** ☐
223 **instant** ☐	248 **major** ☐
224 **instruct** ☐	249 **mammal** ☐
225 **intelligent** ☐	250 **management** ☐

201

hire

[haiər]

= employ

동 고용하다

He was **hired** to head the failing automaker. `3-1`

그는 실패한 자동차 회사의 대표로 **고용되었다**.

202

hollow

[hálou]

형 속이 빈

Hives are usually built inside **hollow** trees. `2-3`

벌집은 보통 **속이 빈** 나무 안에 지어진다.

203

honor

[ánər]

honorary
형 명예의, 명예직의

honorable **형 명예로운**

명 영광, 영예, 명예 동 존경하다

He received many **honors**, including a knighthood by the Queen. `1-1`

그는 여왕의 기사 작위를 포함한 많은 **영예**를 받았다.

204

horizontal

[hɔ̀:rəzántl]

형 수평의, 가로의

The goal is to form a continuous **horizontal** line. `1-3`

목표는 연속적인 **가로**선을 형성하는 것이다.

205

immigrant

[ímigrənt]

immigration
명 이민

> 명 이민자
>
> More than 80 percent of the total investor visas were issued to Chinese **immigrants**. 5-2
>
> 전체 투자자 비자의 80% 이상이 중국인 **이민자**에게 발급되었다.

206

implement

[ímpləmənt]

= carry out

> 동 시행하다, 이행하다
>
> The government stopped **implementing** its policy in 2015. 5-2
>
> 정부는 2015년에 정책 **시행**을 중단했다.

207

impress

[imprés]

> 동 감명을 주다, 깊은 인상을 주다
>
> We are **impressed** with your proposal. 4-4
>
> 우리는 당신의 제안에 **깊은 인상을 받았다**.

208

inability

[ìnəbíləti]

> 명 무능, ~하지 못함
>
> Their **inability** to use fire may have been a key factor in their demise. 2-2
>
> 불을 사용하지 **못하는 것**이 그들의 종말에 중요한 요인이 되었을지도 모른다.

209

inclined

[inkláind]

= likely

형 ~의 경향이 있는

They are less **inclined** to turn on an air conditioner. ◀1-2

그들은 에어컨을 덜 켜는 **경향이 있다**.

210

independent

[ìndipéndənt]

independence
명 독립

형 독립적인

I would like to offer my services as an **independent** technical expert. ◀3-4

저는 **독립적인** 기술 전문가로서 서비스를 제공하고 싶습니다.

211

indicate

[índikèit]

통 나타내다 (의향을) 밝히다

The models **indicated** that the more humans used fire for food, the more their population grew. ◀2-2

이 모델들은 인간이 음식을 위해 불을 더 많이 사용할수록, 인구가 더 증가했다는 것을 **나타냈다**.

212

individual

[ìndəvídʒuəl]

명 개인 형 개개의, 개인의

Super-man refers to an **individual** who creates his own values. ◀5-1

초인이란 자신만의 가치를 창조하는 **개인**을 뜻한다.

213

industry
[índəstri]

industry
형 산업의

명 산업

The corporation became a major player in the American car **industry**. 3-1

그 회사는 미국 자동차 **산업**의 주요 업체가 되었다.

214

inflate
[infléit]

= swell

동 부풀리다, 팽창시키다

Wealthy immigrants **inflated** property values. 5-2

부유한 이민자들이 부동산 가치를 **부풀렸다**.

215

influence
[ínfluəns]

= affect

동 영향을 미치다   명 영향

Nietzsche's writings **influenced** many important thinkers of the 20th century. 5-1

니체의 글은 20세기의 많은 중요한 사상가들에게 **영향을 주었다**.

216

inform
[infɔ́ːrm]

information
명 정보

동 알리다, 통지하다

Susan **informed** him that a product is available. 2-4

수잔은 그에게 제품이 구입 가능하다는 것을 **알려 주었다**.

217

infrared

[ìnfrəréd]

형 적외선의

Cling wrap allows **infrared** radiation to pass through. `1-2`

클링랩은 **적외선**이 통과할 수 있게 해준다.

218

inhale

[inhéil]

동 (숨을) 들이 쉬다

It forces anyone who enters the building to **inhale** their fumes. `1-4`

그것은 건물 안에 들어오는 모든 사람들이 어쩔 수 없이 연기를 **들이마시도록** 한다.

219

inhibit

[inhíbit]

= prevent
= hinder

동 억제하다, 방해하다

The meat is salted to **inhibit** bacterial growth. `5-3`

고기는 박테리아의 성장을 **억제하기** 위해 소금에 절여진다.

220

initially

[iníʃəli]

initial 형 처음의, 최초의
initiate 동 시작하다, 창시하다

부 처음에, 초기에

His father was a railroad engineer, and the young Chrysler **initially** followed the same path. `3-1`

그의 아버지는 철도 기술자였고, 젊은 크라이슬러도 **처음에는** 같은 길을 따랐다.

221

inquiry
[ínkwáiəri, ínkwəri]

inquire
동 문의하다, 묻다

명 문의, 질문

This letter is in response to your **inquiry** on January 8. 2-4

이 편지는 1월 8일 당신의 **문의**에 대한 답변입니다.

222

inspire
[inspáiər]

inspiration
명 영감

동 영감을 주다, 고취시키다

Nietzsche's ideas **inspired** many intellectuals of the 20th century. 5-1

니체의 사상은 20세기의 많은 지식인들에게 **영감을 주었다**.

223

instant
[ínstənt]

instantly
부 즉시

형 즉각적인

They have **instant** access to customers' personal information. 7-2

그들은 고객의 개인 정보에 **즉각적인** 접근을 할 수 있다.

224

instruct
[instrʌ́kt]

instructor
명 강사

동 지시하다

The participants were **instructed** to either take pictures of their experiences or not. 3-2

참가자들은 자신의 경험을 사진으로 찍거나 혹은 찍지 말라고 **지시받았다**.

225

intelligent

[intéladʒənt]

intelligence
명 지능, 총명

형 총명한, 지적인

He was naturally **intelligent** and became a successful metalworker. `6-1`

그는 천성적으로 **총명했고** 성공적인 금속 세공사가 되었다.

226

intense

[inténs]

intensity **명** 격렬, 강도

intensely
부 강렬하게, 열심히

형 강렬한, 격렬한

They went through everyday experiences as well as more **intense** activities. `3-2`

그들은 더 **강렬한** 활동뿐만 아니라 일상적인 체험도 했다.

227

Intent

[intént]

intention
명 의도, 목적

형 집중된, 전념하고 있는   **명** 의도, 목적

We are **intent** on finishing the building's construction on or before the deadline. `4-4`

우리는 마감일 또는 마감일 전에 건물 공사를 마무리하는 데 **집중하고** 있다.

228

invent

[invént]

invention **명** 발명

inventive
형 발명의, 창의적인

동 발명하다

Sequoyah was a linguist best known for **inventing** the written form of the Cherokee language. `6-1`

세코야는 체로키어의 문자 형태를 **발명한** 것으로 가장 잘 알려진 언어학자였다.

229

invest
[invést]

investment
명 투자

동 투자하다

Companies have **invested** in millennial-friendly offices. 6-2

기업들은 밀레니얼 세대들에게 친화적인 사무실에 **투자했다**.

230

investigation
[invèstəɡéiʃən]

investigate
동 조사하다

명 탐구, 조사

Her father's fondness for scientific **investigation** made her want to pursue a career. 4-1

아버지의 과학적 **탐구**에 대한 애정은 그녀가 경력을 추구하고 싶게 만들었다.

231

invite
[inváit]

invitation
명 초대

동 초대하다

We are **inviting** you to an invitation-only after-hours party. 5-4

초대고객 전용 영업시간 이후 파티에 당신을 **초대합니다**.

232

invoice
[ínvois]

= bill

명 송장, 청구서

All **invoices** will be held by Watkins & Smith Auditing Services. 7-4

모든 **송장**은 왓킨스 앤 스미스 회계 서비스 사에 의해 보관될 것이다.

233

involve
[inválv]

* involve + ~ing

동 관련되게 하다, 포함하다

It **involved** over 2,000 people who participated in nine experiments. `3-2`

그것은 9개의 실험에 참여한 2,000명이 넘는 사람들을 **포함했다**.

234

isolation
[àisəléiʃən]

명 고립

This led to a long period of **isolation**. `5-1`

이것은 오랜 기간의 **고립**으로 이어졌다.

235

issue
[íʃuː]

명 문제, 발행   **동** 발급하다, 발행하다

Some important **issues** with the building have come up.
`1-4` 그 건물과 관련된 몇 가지 중요한 **문제들**이 생겼다.

More than 80 percent of the visas were **issued** to Chinese immigrants. `5-2`

그 비자의 80% 이상이 중국인 이민자에게 **발급되었다**.

236

juvenile
[ʤúːvənəl]

명 청소년(기)   **형** 젊은, 청소년의

Newborn narwhals are blue-gray and **juveniles** are blue-black. `4-3`

갓 태어난 일각돌고래는 청회색이고 **청소년기** 일각돌고래는 남색이다.

237

knowledge
[nάlidʒ]

명 지식

They could send and receive **knowledge** more efficiently. 6-1

그들은 **지식**을 더 효율적으로 주고받을 수 있었다.

238

labor
[léibər]

명 산통 명 노동

She stopped using it on women in **labor**. 4-1

그녀는 그것을 **산통**이 있는 여성들에게 사용하는 것을 중단했다.

239

lack
[læk]

동 부족하다 명 부족, 결여

His colleagues felt that the book **lacked** discipline. 5-1

그의 동료들은 그 책이 학문적 규율이 **부족하다고** 느꼈다.

240

last
[læst]

lasting 형 지속적인, 지속하는
lastly 부 마지막으로

동 지속하다, 오래가다 형 지난 형 마지막의

It **lasts** for several minutes. 3-3

그것은 몇 분 동안 **지속된다**.

You have been a customer of our shop since we opened **last** year. 5-4

지난 해에 개점했을 때부터 당신은 우리 가게의 고객이었다.

241

lean

[liːn]

형 야윈, 기름기 적은

Jerky is made of **lean** meat. `5-3`

육포는 **기름기 적은** 고기로 만들어졌다.

242

length

[leŋ(k)θ]

명 길이

Both male and female narwhals grow 4 to 5.5 meters in **length**. `4-3`

수컷과 암컷 모두 **길이**가 4에서 5.5미터까지 자란다.

243

likewise

[láikwàiz]

부 마찬가지로

The research **likewise** noted some downsides to taking photos. `3-2`

그 연구는 **마찬가지로** 사진을 찍는 것에 대한 몇 가지 단점도 언급했다.

244

limited

[límitid]

limitation

명 제한, 한계

형 제한된, 많지 않은

Cooking gave our human ancestors more calories from a **limited** amount of food. `2-2`

조리는 우리의 조상들에게 **제한된** 양의 음식으로부터 더 많은 칼로리를 주었다.

245

linguist
[líŋgwist]

linguistics
명 언어학

명 언어학자

Sequoyah was a Native American **linguist**. 6-1

세코야는 북미 원주민 **언어학자**였다.

246

literature
[lítərətʃər]

literary
형 문학의

명 문학

He went to the University of Leipzig to study philology and **literature**. 5-1

그는 문헌학과 **문학**을 공부하기 위해 라이프치히 대학에 갔다.

247

maintain
[meintéin]

maintenance
명 유지, 관리

동 관리하다, 유지하다

I have been satisfied with how the condominium is **maintained** until very recently. 1-4

나는 매우 최근까지 아파트가 **관리되는** 방법에 만족해왔다.

248

major
[méidʒər]

majority
명 대다수

형 주요한, 주된 명 전공

The Little Mermaid statue is still a **major** tourist attraction in Copenhagen. 7-3

인어공주 동상은 여전히 코펜하겐의 **주요** 관광 장소이다.

249

mammal

[mǽməl]

명 포유류, 포유동물

Like other marine **mammals**, they give birth to one live young and nurse it on milk. ◀ 4-3

다른 해양 **포유동물들**과 마찬가지로, 그것들은 한 마리의 새끼를 낳고 젖으로 새끼를 키운다.

250

management

[mǽnidʒmənt]

manage
동 관리하다

명 관리, 경영(진)

His excellent skills in plant **management** led to a successful career. ◀ 3-1

공장 **관리**에 대한 그의 뛰어난 기술은 그가 성공적인 경력을 쌓게 했다.

DAY 16 TEST

A 단어와 의미를 알맞게 연결하세요.

01. implement ·

02. inflate ·

03. inhibit ·

04. inspire ·

05. instruct ·

06. involve ·

07. maintain ·

· ① 부풀리다, 팽창시키다

· ② 관련되게 하다, 포함하다

· ③ 시행하다, 이행하다

· ④ 영감을 주다, 고취시키다

· ⑤ 억제하다, 방해하다

· ⑥ 관리하다, 유지하다

· ⑦ 지시하다

B 빈칸에 알맞은 단어를 보기에서 고르세요.

① inclined	② inquiry	③ intense
④ intent	⑤ investigation	⑥ knowledge
⑦ lean	⑧ literature	

08. We are _____ on finishing the building's construction on or before the deadline.

우리는 마감일 또는 마감일 전에 건물 공사를 마무리하는 데 집중하고 있습니다.

09. This letter is in response to your _____ on January 8.

이 편지는 1월 8일 당신의 문의에 대한 답변입니다.

10. Her father's fondness for scientific _____ made her want to pursue a career.

아버지의 과학적 탐구에 대한 애정은 그녀가 경력을 추구하고 싶게 만들었다.

11. He went to the University of Leipzig to study philology and

_____.

그는 문헌학과 문학을 공부하기 위해 라이프치히 대학에 갔다.

12. Jerky is made of _____ meat.

육포는 기름기 적은 고기로 만들어졌다.

13. They could send and receive _____ more efficiently.

그들은 지식을 더 효율적으로 주고받을 수 있었다.

14. They are less _____ to turn on an air conditioner.

그들은 에어컨을 덜 켜는 경향이 있다.

15. They went through everyday experiences as well as more

_____ activities.

그들은 더 강렬한 활동뿐만 아니라 일상적인 체험도 했다.

▶ MP3 바로 듣기

DAY 17

251 **mansion**	☐	276 **nutrition**	☐
252 **manufacture**	☐	277 **observe**	☐
253 **manuscript**	☐	278 **obsess**	☐
254 **mark**	☐	279 **occur**	☐
255 **mass**	☐	280 **opaque**	☐
256 **means**	☐	281 **opportunity**	☐
257 **mention**	☐	282 **order**	☐
258 **merge**	☐	283 **ordinary**	☐
259 **method**	☐	284 **organize**	☐
260 **military**	☐	285 **original**	☐
261 **millionaire**	☐	286 **originate**	☐
262 **modify**	☐	287 **outbreak**	☐
263 **molecule**	☐	288 **overconfident**	☐
264 **morality**	☐	289 **overlook**	☐
265 **movement**	☐	290 **oversee**	☐
266 **multiple**	☐	291 **oxygen**	☐
267 **muscle**	☐	292 **participant**	☐
268 **mythology**	☐	293 **passionate**	☐
269 **nature**	☐	294 **patent**	☐
270 **nerve**	☐	295 **pedestrian**	☐
271 **nitrogen**	☐	296 **perform**	☐
272 **nomination**	☐	297 **perk**	☐
273 **notice**	☐	298 **permit**	☐
274 **numerous**	☐	299 **personalize**	☐
275 **nurse**	☐	300 **phenomenon**	☐

251

mansion
[mǽnʃən]

명 대저택

Young Nicholas grew up in a **mansion**. 1-1

어린 니콜라스는 **대저택**에서 자랐다.

252

manufacture
[mǽnjəfǽktʃər]

manufacturer
명 제조업자

동 제조하다   명 제조

SpaceX **manufactures** space launch vehicles. 2-1

스페이스 엑스는 우주발사체를 **제조한다**.

253

manuscript
[mǽnjəskript]

명 원고

I will make sure that our **manuscripts** become quality print products. 3-4

우리 **원고**가 양질의 인쇄 제품이 되도록 확실히 하겠습니다.

254

mark
[maːrk]

동 표시하다, (기록을) 남기다   명 자국, 기호

All items in stock will be **marked** down 40-70 percent. 5-4

모든 재고 품목은 40~70% 할인된 가격으로 **표시될** 것이다.

255

mass
[mæs]

형 대량의, 대중의 명 다수, 대중

In the late 18th century, American companies began **mass**-producing jerky. 5-3

18세기 후반에 미국 회사들은 육포를 **대량** 생산하기 시작했다.

256

means
[míːnz]

명 수단, 방법

Many countries provide the said **means** of entry for wealthy people. 5-2

많은 나라들이 부유한 사람들을 위해 위에서 언급한 입국 **수단**을 제공하고 있다.

257

mention
[ménʃən]

동 언급하다

Cassiopeia is often **mentioned** in popular culture. 6-3

카시오페이아는 대중 문화에서 종종 **언급된다**.

258

merge
[məːrdʒ]

merger
명 합병

동 합병하다

He was able to make it a major car company by **merging** with another automaker. 3-1

그는 다른 자동차 회사와 **합병하여** 그것을 주요한 자동차 회사로 만들 수 있었다.

259
method
[méθəd]

명 방법

The "Apgar score" is a **method** that assesses a newborn baby's physical condition. `4-1`

'아프가 점수'는 갓 태어난 아기의 신체 상태를 평가하는 **방법**이다.

260
military
[mílitèri]

명 군대의, 군사의

It is commonly served at **military** camps. `5-3`

그것은 보통 **군대**에서 제공된다.

261
millionaire
[mìljənέər]

명 백만장자

There are now about one million **millionaires** in mainland China. `5-2`

현재 중국 본토에는 **백만장자**가 백만 명 정도 있다.

262
modify
[mádifai]

= revise

= amend

modification **명** 수정, 변경

동 수정하다, 변경하다

The fabric, called nano PE, is a **modified** form of polyethylene. `1-2`

그 섬유는 나노피이라고 불리는데 폴리에틸렌의 **수정된** 형태이다.

263

molecule
[máləkjùːl]

명 분자

It creates electrical energy that breaks their **molecules** apart. `3-3`

그것은 **분자**를 분해하는 전기 에너지를 만들어 낸다.

264

morality
[mərǽləti, mɔːr-]

moral
형 도덕의, 도덕적인

명 도덕

Nietzsche was known for his writings on religion and **morality**. `5-1`

니체는 종교와 **도덕**에 관한 저술로 유명했다.

265

movement
[múːvmənt]

명 움직임

The participants wore glasses that tracked their eye **movements**. `3-2`

참가자들은 눈의 **움직임**을 추적하는 안경을 썼다.

266

multiple
[mʌ́ltəpl]

multiply
통 증가시키다, 배가시키다, 곱셈하다

형 다수의, 다양한　**명 배수**

I have the ability to manage **multiple** projects at the same time. `6-4`

나는 동시에 **여러** 프로젝트를 관리할 수 있는 능력을 갖고 있다.

267

muscle
[mʌ́səl]

muscular
형 근육의

명 근육

He shows off by flexing his **muscles**. 7-1

그는 **근육**에 힘을 주면서 뽐낸다.

268

mythology
[miθɑ́lədʒi]

명 신화, 신화학

It was named after the wife of King Cepheus in Greek **mythology**. 6-3

그것은 그리스 **신화**에서 케페우스 왕의 아내의 이름을 따서 이름 지어졌다.

269

nature
[néitʃər]

natural
형 자연의, 천연의

명 본질, 본성

The **nature** of his mental illness is still unknown. 5-1

그의 정신병의 **본질**은 여전히 알려지지 않았다.

270

nerve
[nəːrv]

nervous
형 신경의, 긴장한

명 신경

This tusk has millions of **nerve** endings. 4-3

이 어금니에는 수백만 개의 **신경** 말단들이 있다.

271

nitrogen
[náitrədʒən]

명 질소

The air is rich in **nitrogen** and oxygen. `3-3`

대기에는 **질소**와 산소가 풍부하다.

272

nomination
[nàmənéiʃən]

nominate
동 지명하다

명 지명, 추천

It received many **nominations**, but never won an award. `7-1`

그것은 여러 번 후보로 **지명**받았지만 상을 받지는 못했다.

273

notice
[nóutis]

notable
형 주목할 만한

동 알아차리다, 주목하다   명 주목, 통지

Sequoyah **noticed** that they communicated across great distance. `6-1`

세코야는 그들이 먼 거리를 넘나들며 소통한다는 것을 **알아차렸다**.

274

numerous
[njú:mərəs]

형 수많은

He published **numerous** works during his career. `5-1`

그는 활동 기간 동안 **수많은** 작품을 발표했다.

275

nurse

[nəːrs]

nursery
명 유아원, 보육원

동 간호하다, 젖을 먹이다, 돌보다 명 간호사

They give birth to one live young at a time and **nurse** it on milk. 4-3

그것들은 한 번에 한 마리의 새끼를 낳고 젖으로 새끼를 **먹인다**.

276

nutrition

[njuːtríʃən]

nutritious
형 영양이 풍부한

명 영양, 영양분

They began to see jerky as an ideal source of **nutrition** during their travels. 5-3

그들은 육포를 여행 동안 이상적인 **영양** 공급원으로 보기 시작했다.

277

observe

[əbzə́ːrv]

observation 명 관찰
observance 명 준수

동 관찰하다 동 준수하다

St. Elmo's fire is **observed** in many parts of the world.

3-3

성 엘모의 불은 세계 여러 곳에서 **관찰된다**.

278

obsess

[əbsés]

obsession
명 강박관념

동 사로잡다, 집착하다

He is **obsessed** with his appearance. 7-1

그는 그의 외모에 **사로잡혀** 있다.

279

occur

[əkə́ːr]

= happen

occurrence
명 사건, 현상

동 일어나다, 발생하다

St. Elmo's fire commonly **occurs** on pointed objects.
3-3

성 엘모의 불은 흔히 뾰족한 물체에서 **발생한다**.

280

opaque

[oupéik]

형 불투명한

This plastic material is **opaque** enough to block visible light. 1-2

이 플라스틱 소재는 가시광선을 차단할 만큼 충분히 **불투명하다**.

281

opportunity

[àpərtjúːnəti]

명 기회

I would like to take this **opportunity** to restate my eagerness to work with your company. 6-4

이번 **기회**에 귀사와 함께 일하고 싶은 제 열망을 다시 한번 말씀드리고 싶습니다.

282

order

[ɔ́ːrdə(r)]

동 주문하다, 명령하다 명 주문

We will give you a discount if you **order** 20 sheets or more. 2-4

20장 이상 **주문하면** 할인해 줄 것이다.

283

ordinary

[ɔ́:rdənèri]

= usual
= normal

형 일반적인, 보통의

Like **ordinary** fabrics, the new material lets bodily sweat evaporate through it. ◀ 1-2

일반 직물처럼, 신소재는 그것을 통해 땀이 증발되게 한다.

284

organize

[ɔ́:rgənàiz]

organized
형 체계적인, 조직화된

동 조직하다, 구성하다

Winton **organized** seven other children's trains. ◀ 1-1

윈턴은 어린이들을 위한 7개의 다른 열차를 **조직했다**.

285

original

[ərídʒənəl]

originally
부 원래

형 원래의   **명** 독창적이

People manage to restore the statue to its **original** state. ◀ 7-3

사람들은 간신히 그 동상을 **원래의** 상태로 복구한다.

286

originate

[ərídʒənnéit]

= derive

origin
명 유래, 기원

동 유래되다, 기원하다

The word "jerky" **originated** from the Quechua word _chárki_. ◀ 5-3

'jerky'라는 단어는 케추아어 단어인 차르키(chárki)에서 **유래되었다**.

287

outbreak
[áutbreik]

명 (전쟁 등의) 발발, 발생

All German-controlled borders were closed at the **outbreak** of World War II. 1-1

제2차 세계 대전의 **발발**로 독일이 통제하는 모든 국경선이 폐쇄되었다.

288

overconfident
[òuvərkánfədənt]

형 지나치게 자신만만한

Johnny Bravo is a good-looking but **overconfident** man. 7-1

조니 브라보는 잘생겼지만 **지나치게 자신만만한** 남자이다.

289

overlook
[òuvəlúk]

= neglect

동 간과하다

The frequently **overlooked** threat is the bank workers themselves. 7-2

자주 **간과되는** 위협은 은행 직원들 자신이다.

290

oversee
[óuvərsi:]

= supervise

동 감독하다

A third party will **oversee** the construction. 4-4

제3자가 공사를 **감독할** 것이다.

291

oxygen
[ɑ́ksidʒən]

명 산소

The air is rich in nitrogen and **oxygen** that glow blue when combined. `3-3`

대기에는 서로 결합했을 때 푸른 빛을 내는 질소와 **산소**가 많다.

292

participant
[pɑːrtísəpənt]

명 참가자

The **participants** were asked by other people about their goals. `4-2`

참가자들은 다른 사람들로부터 그들의 목표에 대한 질문을 받았다.

293

passionate
[pǽʃənət]

passion
명 열정

형 열정적인, 열렬한

They were **passionate** about similar topics. `6-4`

그들은 비슷한 주제에 관해 **열정적이었다**.

294

patent
[pǽtənt, péit-]

동 특허를 획득하다 명 특허

The game was not **patented** yet two years later. `1-3`

이 게임은 2년 후에도 아직 **특허를 받지** 못했다.

295

pedestrian
[pədéstriən]

명 보행자

They prefer working in **pedestrian**-friendly urban locations. 6-2

그들은 **보행자** 친화적인 도시 지역에서 일하는 것을 선호한다.

296

perform
[pərfɔ́:rm]

performance
명 수행, 공연

동 수행하다　동 공연하다

She **performed** research and gave lectures about birth defects. 4-1

그녀는 선천성 결함에 대한 연구를 **수행하고** 강의를 하였다.

297

perk
[pərk]

명 특혜

Tellers do so in exchange of money or **perks**. 7-2

출납원들은 돈을 받거나 **특혜**의 대가로 그런 일을 한다.

298

permit
[pə́rmit, pərmít]

permission
명 허가, 인가

명 허가　동 허가하다

Winton secured entry **permits** and raised funds for the children's passage. 1-1

윈턴은 입국 **허가**를 확보했고, 아이들의 통행을 위한 기금을 모금했다.

299

personalize
[pə́ːrsnəlàiz]

personal
형 개인적인

동 개인화하다

They enjoy being able to **personalize** the decor of their workspaces. `6-2`

그들은 작업 공간의 장식을 **개인화할** 수 있는 것을 좋아한다.

300

phenomenon
[finámənàn]

명 현상

Although described as "fire," the **phenomenon** is actually heatless. `3-3`

'불'이라고 묘사되지만, 그 **현상**은 실제로 열이 없다.

DAY 17 TEST

A 단어와 의미를 알맞게 연결하세요.

01. manufacture •   • ① 관찰하다, 준수하다

02. modify •   • ② 제조하다, 제조

03. notice •   • ③ 간과하다

04. observe •   • ④ 수정하다, 변경하다

05. obsess •   • ⑤ 특허를 획득하다, 특허

06. overlook •   • ⑥ 사로잡다, 집착하다

07. patent •   • ⑦ 알아차리다, 주목

B 빈칸에 알맞은 단어를 보기에서 고르세요.

① morality	② numerous	③ opaque
④ opportunity	⑤ ordinary	⑥ participant
⑦ pedestrian	⑧ phenomenon	

08. Nietzsche was known for his writings on religion and
    _____.

    니체는 종교와 도덕에 관한 저술로 유명했다.

09. Although described as "fire," the _____ is actually
    heatless.

    '불'이라고 묘사되지만, 그 현상은 실제로 열이 없다.

10. I would like to take this _____ to restate my eagerness to
    work with your company.

    이번 기회에 귀사와 함께 일하고 싶은 제 열망을 다시 한번 말씀드리고 싶습니다.

11. He published _____ works during his career.

그는 활동 기간 동안 수많은 작품을 발표했다.

12. Like _____ fabrics, the new material lets bodily sweat evaporate through it.

일반 직물처럼, 신소재는 그것을 통해 땀이 증발되게 한다.

13. This plastic material is _____ enough to block visible light.

이 플라스틱 소재는 가시광선을 차단할 만큼 충분히 불투명하다.

14. They prefer working in _____-friendly urban locations.

그들은 보행자 친화적인 도시 지역에서 일하는 것을 선호한다.

15. The _____ was asked by other people about his goal.

그 참가자는 다른 사람들로부터 그의 목표에 대한 질문을 받았다.

DAY 18

Target Words 알고 있는 단어에 체크해 보세요.

301	**philosophy**	☐	326 **qualify**	☐
302	**politician**	☐	327 **query**	☐
303	**pollen**	☐	328 **radiation**	☐
304	**popularity**	☐	329 **raise**	☐
305	**population**	☐	330 **rampant**	☐
306	**populous**	☐	331 **rapid**	☐
307	**portion**	☐	332 **reasonable**	☐
308	**possess**	☐	333 **recently**	☐
309	**preacher**	☐	334 **recruit**	☐
310	**precise**	☐	335 **reference**	☐
311	**predator**	☐	336 **refine**	☐
312	**preference**	☐	337 **reflect**	☐
313	**prepare**	☐	338 **refrigerate**	☐
314	**present**	☐	339 **refugee**	☐
315	**preserve**	☐	340 **refuse**	☐
316	**prevalent**	☐	341 **regain**	☐
317	**private**	☐	342 **regard**	☐
318	**process**	☐	343 **regarding**	☐
319	**prominent**	☐	344 **regulate**	☐
320	**promote**	☐	345 **related**	☐
321	**propose**	☐	346 **release**	☐
322	**provide**	☐	347 **reliable**	☐
323	**publish**	☐	348 **religion**	☐
324	**punishment**	☐	349 **relocate**	☐
325	**purchase**	☐	350 **reluctance**	☐

301

philosophy

[filásəfi]

philosopher
명 철학자

명 철학

Some claim that his own **philosophy** led to his madness. 5-1

일부 사람들은 그 자신의 **철학**이 그의 광기를 초래했다고 주장한다.

302

politician

[pàlətíʃən]

political 형 정치적인
politics 명 정치학

명 정치인

These included British **politician** Alfred Dubs. 1-1

여기에는 영국 **정치인** 알프레드 더브스가 포함되었다.

303

pollen

[pálən]

명 꽃가루

Honeybees transfer **pollen** from the male to the female parts of a flower. 2-3

꿀벌들은 꽃의 수술에서 암술로 **꽃가루**를 옮긴다.

304

popularity

[pàpjulǽrəti]

popular
형 인기 있는

명 인기

Its **popularity** has resulted in more than a dozen copies of the statue being displayed. 7-3

그것의 **인기**는 12개 이상의 동상이 전시되는 결과를 낳았다.

305

population
[pàpjuléiʃən]

명 **인구, 개체수**

The more humans used fire for food, the more their
population grew. 2-2

인간이 식용으로 불을 더 많이 사용할수록, **인구**가 더 증가했다.

306

populous
[pápjuləs]

형 **인구가 조밀한, 개체수가 많은**

Humans may have simply "outcompeted" the less
populous Neanderthals. 2-2

인간은 **개체수가** 덜 **많은** 네안데르탈인을 단순히 '능가'했을 것이다.

307

portion
[pó:rʃən]

명 **부분, 일부**

Millenial workers are now the largest **portion** of the
workforce. 6-2

밀레니얼 근로자들은 현재 노동력의 가장 큰 **부분**이다.

308

possess
[pəzés]

possession
명 소유물

동 **가지다, 소유하다**

These horns were believed to **possess** powers. 4-3

이 뿔들은 힘을 **가지고 있다고** 믿어졌다.

309

preacher
[príːtʃər]

명 목사

His father was a Protestant **preacher**. 5-1

그의 아버지는 개신교 **목사**였다.

310

precise
[prisáis]

= accurate
= exact

형 정확한, 정밀한

The questions are more effective because they are clear and **precise**. 4-2

그 질문들은 명확하고 **정확하기** 때문에 더 효과적이다.

311

predator
[prédətər]

명 포식자

Other **predators** also contribute to the decrease in its population. 4-3

다른 **포식 동물들**도 그것의 개체수 감소의 원인이 된다.

312

preference
[préfərəns]

prefer
동 선호하다

명 선호

Companies that cater to the **preferences** of millennials are becoming competitive. 6-2

밀레니얼 세대의 **선호**에 부응하는 기업들은 경쟁력을 갖추게 된다.

313

prepare
[pripέər]

preparation
명 준비

동 준비하다
We have **prepared** exciting things for you. 5-4
저희는 당신을 위해 신나는 것들을 **준비했습니다**.

314

present
[prizént, préznt]

presentation
명 발표

동 제시하다, 발표하다 명 선물, 현재
Please **present** the invitation at the door. 5-4
이 초대장을 문 앞에서 **제시해** 주세요.

315

preserve
[prizə́:rv]

= conserve

preservation
명 보존

동 보존하다
His invention allowed the Cherokees to **preserve** their history. 6-1
그의 발명품은 체로키인들이 그들의 역사를 **보존할** 수 있게 했다.

316

prevalent
[prévələnt]

= widespread

형 만연한, 널리 퍼져 있는
These crimes are so **prevalent** because they require little computer expertise. 7-2
이러한 범죄는 컴퓨터 전문 지식을 거의 요구하지 않기 때문에 **널리 퍼져 있다**.

317

private

[práivit]

형 사립의, 사설의

Musk went to **private** schools in South Africa. `2-1`

머스크는 남아프리카에 있는 **사립** 학교를 다녔다.

형 민간의, 개인의

SpaceX is known as the first **private** company to launch a rocket into space. `2-1`

스페이스 엑스는 우주로 로켓을 발사한 최초의 **민간** 기업으로 알려져 있다.

318

process

[práses, prəsés]

형 과정, 절차, 공정 통 처리하다

I was informed that the recruitment **process** would take about two weeks. `6-4`

나는 채용 **절차**가 2주 정도 걸린다고 들었다.

319

prominent

[prάmənənt]

= famous

= outstanding

형 저명한, 현저한

The stories fell into the hands of a **prominent** figure in the newspaper industry. `1-1`

그 이야기는 신문업계의 **저명한** 인물의 손에 넘어갔다.

320

promote

[prəmóut]

promotion
명 촉진, 승진

동 촉진시키다

Musk started SpaceX to **promote** space travel for private individuals. 2-1

머스크는 개인들을 위한 우주 여행을 **촉진하기** 위해 스페이스엑스를 창립했다.

동 승진하다

This success got him **promoted** to president of the division. 3-1

이 성공은 그로 하여금 그 부서의 장으로 **승진하게** 했다.

321

propose

[prəpóuz]

proposal 명 제안

* propose that + 주어
  + (should) + 동사원형

동 제시하다, 제안하다

Researchers **propose** that Neanderthals may have known how to control fire. 2-2

연구원들은 네안데르탈인이 불을 조절하는 방법을 알고 있었을지도 모른다고 **제시한다**.

322

provide

[prəváid]

= supply

동 제공하다

Zip2 was a company that **provided** city guide software for high-profile newspapers. 2-1

Zip2는 유명 신문사에 도시 안내 소프트웨어를 **제공한** 회사였다.

323

publish
[pʌbliʃ]

동 발표하다, 출판하다

At 28, he **published** his first book, *The Birth of Tragedy.* 5-1

그는 28세에 그의 첫 번째 책인 비극의 탄생을 **출판했다**.

324

punishment
[pʌniʃmənt]

punish
동 벌하다

명 벌

As **punishment**, the arrogant queen was tied to a chair and placed in the heavens. 6-3

벌로 그 오만한 여왕은 의자에 묶여 하늘에 놓여졌다.

325

purchase
[pə́ːrtʃəs]

= buy

동 구매하다 명 구매

You can use this gift certificate when you **purchase** $100 or more from our store. 5-4

저희 매장에서 100달러 이상 **구매** 시 이 상품권을 사용할 수 있습니다.

326

qualify
[kwáləfai]

qualification
명 자격, 권한, 자격요건

동 자격을 주다, 자격이 있다

The expertise I have gained **qualifies** me as a technical expert. 3-4

내가 얻은 전문 지식은 기술 전문가로서의 **자격을 부여한다**.

327

query
[kwíəri]

= question

명 문의, 질문 통 질문하다

Thank you very much for your **query**. `2-4`
문의해 주셔서 대단히 감사합니다.

328

radiation
[rèidiéiʃən]

명 방사, 방사선

This **radiation** could leave the body without being blocked by clothing. `1-2`
이 **방사선**은 옷에 의해 막히지 않고 몸을 빠져나갈 수 있다.

329

raise
[reiz]

통 (기금 등을) 모으다 통 (문제 등을) 제기하다

Winton **raised** funds for the children's passage. `1-1`
윈턴은 그 아이들의 통행을 위한 기금을 **모금했다**.

Elaine **raised** a question about safety. `1-4`
일레인은 안전에 관한 문제를 **제기했다**.

330

rampant
[ræmpənt]

= widespread
= prevalent

형 만연한, 마구 퍼지는

Such crimes are now **rampant** in the United States.
`7-2`
그런 범죄들은 지금 미국에서 **만연해** 있다.

331

rapid

[rǽpid]

= quick

형 빠른

The **rapid** movement of the tail conveys the distance of the food. ◀ 2-3

꼬리의 **빠른** 움직임은 먹이의 거리를 전달한다.

332

reasonable

[ríːzənəbəl]

= rational
= sensible

형 합리적인, 이성적인

It is **reasonable** that we receive the same quality of services that we did in the past. ◀ 1-4

우리가 과거에 받았던 것과 같은 품질의 서비스를 받는 것이 **합리적이다**.

333

recently

[ríːsəntli]

recent
형 최근의

부 최근에

The cleaners have **recently** begun mopping the lobby floor. ◀ 1-4

청소원들은 **최근에** 로비 바닥을 닦기 시작했다.

334

recruit

[rikrúːt]

recruitment
명 채용

동 채용하다, 영입하다

Eriksen **recruited** his own wife as the statue's model. ◀ 7-3

에릭센은 자신의 아내를 조각상의 모델로 **영입했다**.

335

reference
[réfərəns]

* in reference to
  ~와 관련하여

명 추천인, 참조

I have enclosed my resume for your review, along with a list of **references**. 3-4

검토를 위해 저의 이력서와 **추천인** 목록을 동봉했습니다.

동 참조하다, 언급하다

The familiar constellation has been **referenced** in media. 6-3

그 친숙한 별자리는 미디어에서 **언급되어** 왔다.

336

refine
[rifáin]

= purify
= improve

동 개선하다, 정제하다

The researchers are working on **refining** the fabric. 1-2

연구원들은 원단을 **개선하는** 작업을 하고 있다.

337

reflect
[riflékt]

reflection
명 반사, 반영, 성찰

동 반영하다, 반사하다

The annual salary of $30,000 does not **reflect** the high-risk nature of the job. 7-2

연봉 3만 달러는 고위험직의 성격을 **반영하고** 있지 않다.

338

refrigerate

[rifrídʒərèit]

> 동 냉장하다
>
> This product does not need to be **refrigerated**. 5-3
>
> 이 제품은 **냉장 보관할** 필요가 없다.

339

refugee

[rèfjudʒíː]

> 명 난민, 피난민
>
> He was asked to help in the **refugee** camps. 1-1
>
> 그는 **난민** 캠프에서 도와달라는 요청을 받았다.

340

refuse

[rifjúːz]

= reject

* refuse + to부정사

> 동 거절하다, 거부하다
>
> Its executives **refused** to make a new car he designed.
>
> 3-1
>
> 경영진은 그가 디자인한 새 차를 만드는 것을 **거부했다**.

341

regain

[rigéin]

= recover

> 동 다시 얻다, 되찾다
>
> He helped the company **regain** financial stability. 3-1
>
> 그는 회사가 재정적인 안정을 **되찾도록** 도왔다.

342

regard

[rigá:rd]

regardless
부 개의치 않고, 상관없이

명 관련 명 존중, 평가 동 ~라고 여기다

Millennials have special preferences with **regard** to their work environments. 6-2

밀레니얼 세대는 업무 환경과 **관련**하여 특별한 선호를 가지고 있다.

343

regarding

[rigá:rdiŋ]

= concerning

전 ~에 관하여

Questions **regarding** socially accepted behavior have the strongest effect. 4-2

사회적으로 용인되는 행동**에 관한** 질문이 가장 강한 영향을 미친다.

344

regulate

[régjulèit]

regulation
명 규제, 규정

동 규제하다

The city had to **regulate** its tourism industry. 7-3

그 도시는 관광 산업을 **규제해야** 했다.

345

related

[riléitid]

형 동족 관계의 형 관련된

Early humans were closely **related** to Neanderthals. 2-2

초기 인류는 네안데르탈인과 가까운 **동족 관계**였다.

346

release
[rilíːs]

= launch (출시하다)

동 방출하다　**명** 발산

At least 50% of a person's body heat is **released** as infrared radiation.　1-1

최소한 50%의 체온은 적외선으로 **방출된다**.

동 출시하다　**명** 출시, 석방

Tetris has been **released** on over 65 different platforms.　1-3

〈테트리스〉는 65개 이상의 다른 플랫폼에서 **출시되었다**.

347

reliable
[rɪláiəbl]

= dependable

rely
동 믿다, 의지하다

형 믿을 수 있는

Our **reliable** partner is providing a 50% discount on freight charges.　2-4

우리의 **믿을 수 있는** 파트너는 운임에서 50% 할인을 제공한다.

348

religion
[rilídʒən]

religious
형 종교적인

명 종교

Friedrich Nietzsche was known for his writings on **religion**.　5-1

프리드리히 니체는 **종교**에 관한 저술로 알려져 있다.

349

relocate

[ri:lóukeit]

동 이주하다, 이전하다

They **relocate** to other countries using "investment visas." 5-2

그들은 '투자 비자'를 이용해 다른 나라로 **이주한다**.

350

reluctance

[rilʌ́ktəns]

= unwillingness

reluctant
형 꺼려하는

명 내키지 않음, 꺼림

Their **reluctance** to use fire may have been a key factor in their demise. 2-2

그들의 불 사용에 대한 **꺼림**이 그들의 종말에 중요한 요인이 되었을 지도 모른다.

A 단어와 의미를 알맞게 연결하세요.

01. preserve ·   · ① 제공하다

02. provide ·   · ② 보존하다

03. publish ·   · ③ 질문하다, 문의

04. purchase ·   · ④ 발표하다, 출판하다

05. query ·   · ⑤ 참조하다, 추천인

06. recruit ·   · ⑥ 구매하다, 구매

07. reference ·   · ⑦ 채용하다, 영입하다

B 빈칸에 알맞은 단어를 보기에서 고르세요.

① possess	② precise	③ prevalent
④ prominent	⑤ refugee	⑥ rogulate
⑦ religion	⑧ reluctance	

08. The stories fell into the hands of a _____ figure in the newspaper industry.

그 이야기는 신문업계의 저명한 인물의 손에 넘어갔다.

09. The questions are more effective because they are clear and _____.

그 질문들은 명확하고 정확하기 때문에 더 효과적이다.

10. These crimes are so _____ because they require little computer expertise.

이러한 범죄는 컴퓨터 전문 지식을 거의 요구하지 않기 때문에 널리 퍼져 있다.

11. These horns were believed to _____ powers.

이 뿔들은 힘을 가지고 있다고 믿어졌다.

12. The city had to _____ its tourism industry.

그 도시는 관광 산업을 규제해야 했다.

13. He was asked to help in the _____ camps.

그는 난민 캠프에서 도와달라는 요청을 받았다.

14. Their _____ to use fire may have been a key factor in their demise.

그들의 불 사용에 대한 꺼림이 그들의 종말에 중요한 요인이 되었을 지도 모른다.

15. Friedrich Nietzsche was known for his writings on _____.

프리드리히 니체는 종교에 관한 저술로 알려져 있다.

MEMO

▶ MP3 바로 듣기

DAY 19

351 **remain**	☐	376 **serious**	☐
352 **representative**	☐	377 **shift**	☐
353 **request**	☐	378 **sidetrack**	☐
354 **require**	☐	379 **significant**	☐
355 **rescue**	☐	380 **similar**	☐
356 **research**	☐	381 **sizeable**	☐
357 **resemble**	☐	382 **socialize**	☐
358 **resident**	☐	383 **solar**	☐
359 **resign**	☐	384 **source**	☐
360 **resolve**	☐	385 **spare**	☐
361 **resort**	☐	386 **specialize**	☐
362 **resource**	☐	387 **speculation**	☐
363 **respect**	☐	388 **spoil**	☐
364 **response**	☐	389 **stability**	☐
365 **restore**	☐	390 **standard**	☐
366 **restructure**	☐	391 **statement**	☐
367 **retain**	☐	392 **statue**	☐
368 **retire**	☐	393 **status**	☐
369 **revenge**	☐	394 **stock**	☐
370 **revise**	☐	395 **stray**	☐
371 **rotate**	☐	396 **successful**	☐
372 **route**	☐	397 **suit**	☐
373 **scrutiny**	☐	398 **superstition**	☐
374 **sculpture**	☐	399 **supervise**	☐
375 **secure**	☐	400 **surgery**	☐

351

remain

[riméin]

동 남아 있다, 여전히 ~이다

Many of his works **remain** controversial to this day.
`5-1`

그의 많은 작품들은 오늘날까지 **여전히** 논란이 **되고 있다.**

352

representative

[rèprizéntətiv]

= delegate (대표자)

= agent (대리인)

명 대표, 대리인   형 대표하는

I would like to invite you or your **representative** to meet with us.   `4-4`

당신 또는 당신의 **대리인**을 초대해 만나고 싶습니다.

353

request

[rikwést]

동 요청하다   명 요청

Turner can **request** a recommendation based on her past performance from them.   `6-4`

터너는 그들로부터 그녀의 과거 성과에 근거한 추천서를 **요청할** 수 있다.

354

require

[rikwáiər]

동 요구하다, 필요로 하다

The extra attention to detail is **required** by composing a photo.   `3-2`

사진의 구도를 잡을 때는 세부사항에 추가적인 관심이 **필요하다.**

355

rescue
[réskju:]

= save (구하다)

명 구조 동 구조하다

He arranged for the children's **rescue**. 1-1

그는 아이들의 **구조**를 준비했다.

356

research
[risé:rtʃ]

researcher
명 연구원, 조사자

명 연구, 조사 동 연구하다, 조사하다

Further business ventures include a **research** company for artificial intelligence. 2-1

추가적인 사업 벤처는 인공지능을 위한 **연구** 회사를 포함한다.

357

resemble
[rizémbl]

동 닮다

Cassiopeia's stars **resemble** the shape of either a W or an M. 6-3

카시오페이아의 별은 W 또는 M의 모양을 **닮았다**.

358

resident
[rézədənt]

residence
동 거주지, 주택

명 거주인, 주민

This has left the building's **residents** with only four parking spaces for their visitors. 1-4

이로 인해 건물 **주민들**은 방문객을 위한 주차 공간을 4개밖에 갖지 못하고 있다.

359

resign
[rizáin]

동 사직하다, 그만두다

Nietzsche **resigned** from his job in 1879. `5-1`

니체는 1879년에 직장을 **그만두었다**.

360

resolve
[rizálv]

= solve
= settle

resolution 명 결심, 해결

동 해결하다

I hope you can **resolve** these problems quickly. `1-4`

당신이 이 문제들을 빨리 **해결할** 수 있기를 바랍니다.

361

resort
[rizɔ́ːrt]

동 (부득이하게) 의존하다, 호소하다

He **resorted** to drawing a symbol for each syllable in the language. `6-1`

그는 **부득이하게** 그 언어의 각 음절에 대한 기호를 그리는 것에 **의존했다**.

362

resource
[ríːsoːrs, risɔ́ːrs]

명 자원, 자료

They got fewer calories from the limited **resources** available to them. `2-2`

그들은 이용할 수 있는 제한된 **자원**으로부터 더 적은 칼로리를 얻었다.

363

respect

[rispékt]

respectfully
부 존경하여

명 존경, 존중　동 존중하다, 존경하다

His work was gaining **respect** in Europe.　5-1

그의 연구는 유럽에서 **존중**을 받고 있었다.

364

response

[rispáns]

respond
동 응답하다

명 답변, 응답

This letter is in **response** to your inquiry on January 8.　2-4

이 편지는 1월 8일 당신의 문의에 대한 **답변**입니다.

365

restore

[ristóər]

restoration
명 회복, 복구

동 회복하다, 복구하다

Our trust can be **restored** in future business dealings with Woodland Furniture, Inc.　7-4

우리의 신뢰는 향후 우드랜드 가구 주식회사와의 사업 거래에서 **회복될** 수 있다.

366

restructure

[riːstrʌ́ktʃər]

동 개편하다, 재구성하다

The Maxwell Motor Company was **restructured** in 1925.　3-1

맥스웰 모터사는 1925년에 **개편되었다**.

367

retain
[ritéin]

retention
명 보유

동 보유하다

The study was designed to help employers successfully **retain** millennial workers. 6-2

그 연구는 고용주들이 밀레니얼 세대의 근로자들을 성공적으로 **보유할** 수 있도록 돕기 위해 설계되었다.

368

retire
[ritáiər]

retirement
명 은퇴, 퇴직

동 물러나다, 은퇴하다

Chrysler **retired** as president of his company in 1935. 3-1

크라이슬러는 1935년에 그 회사의 사장직에서 **물러났다**.

369

revenge
[rivéndʒ]

명 복수   동 복수하다

Most episodes end with the women taking **revenge** on Bravo in a funny way. 7-1

대부분의 에피소드는 그 여자들이 재미있는 방식으로 브라보에게 **복수하는** 것으로 끝난다.

370

revise
[riváiz]

= modify
= amend

revision 명 수정, 개정

동 수정하다, 개정하다

Partible **revised** the film into a seven-minute short. 7-1

파티블은 이 영화를 7분짜리 단편으로 **수정했다**.

371

rotate
[róuteit]

= revolve

동 회전하다

The game requires players to **rotate** pieces consisting of four cubes. ◀1-3

그 게임은 선수들이 네 개의 큐브로 구성된 조각들을 **회전시키도록** 요구한다.

372

route
[ru:t]

= way

명 경로, 방법

The visa had become greatly undervalued as a cheap **route** out of China. ◀5-2

그 비자는 중국을 떠나는 값싼 **방법**으로 크게 저평가되어 왔다.

373

scrutiny
[skrú:təni]

= inspection
= investigation

명 조사, 면밀히 살핌

Authorities have weighed more **scrutiny** in the hiring process. ◀7-2

당국은 채용 과정에서의 더 많은 **조사**를 고려해 왔다.

374

sculpture
[skʌ́lptʃər]

sculptor
명 조각가

명 조각상

The Little Mermaid statue is a bronze **sculpture** of a mermaid in Denmark. ◀7-3

인어공주 동상은 덴마크에 있는 인어공주의 청동 **조각상**이다.

375

secure
[sikjúər]

security
명 보안, 안전

동 확보하다, 안전하게 하다 형 안전한

Winton **secured** entry permits and raised funds for the children's passage. 1-1

윈턴은 입국 허가를 **확보했고**, 아이들의 통행을 위한 기금을 모금했다.

376

serious
[síəriəs]

형 심각한, 중대한

They do not think it is a **serious** crime. 7-2

그들은 그것이 **심각한** 범죄라고 생각하지 않는다.

377

shift
[ʃift]

명 변화 명 근무 교대

One doesn't have to use yes-or-no questions to prompt a **shift** in attitude. 4-2

태도 **변화**를 촉진시키기 위해 반드시 예/아니오 질문을 사용해야 하는 것은 아니다.

동 옮겨가다, 바꾸다

Concern over bank security has **shifted** from masked robbers to cyber criminals. 7-2

은행 보안에 대한 우려는 가면을 쓴 강도에서 사이버 범죄자로 **옮겨갔다**.

378

sidetrack

[sáidtræk]

= distract

동 산만하게 하다, 곁길로 새게 하다

Picture-taking can **sidetrack** one's attention from enjoying a moment. 3-2

사진 찍기는 순간을 즐기는 것으로부터 주의를 **산만하게 할** 수 있다.

379

significant

[signífikənt]

= important (중대한)
= considerable (상당한)

형 중대한, 상당한

Millennials make up a **significant** number of workers. 6-2

밀레니얼 세대가 **상당한** 수의 근로자를 구성한다.

380

similar

[símələr]

similarity
명 유사성

형 유사한, 비슷한

St. Elmo's fire is more **similar** to the neon lighting than lightning. 3-3

성 엘모의 불은 번개보다 네온 조명과 더 **유사하다**.

381

sizeable

[sáizəbl]

= considerable
= substantial

형 상당한, 꽤 큰

This will give you **sizeable** savings. 2-4

이를 통해 당신은 **상당한** 절약을 할 수 있다.

382

socialize
[sóuʃəlàiz]

동 친목을 도모하다, 사교하다

They enjoy having areas where they can **socialize** with their colleagues. 6-2

그들은 동료와 **친목을 도모할** 수 있는 영역을 갖추는 것을 좋아한다.

383

solar
[sóulər]

형 태양의, 태양열의

The foundation provides emergency **solar** energy to disaster-hit areas. 2-1

그 재단은 재난 피해 지역에 비상 **태양** 에너지를 제공한다.

384

source
[sɔːrs]

명 출처, 원천

A bee that is performing the "round dance" is saying she has found a food **source**. 2-3

'원형 춤'을 추는 벌은 먹이 **공급원**을 찾았다고 말하고 있는 것이다.

385

spare
[spɛər]

형 여분의, 한가한   **동** 아끼다, 할애하다

He developed an electronic game during his **spare** time. 1-3

그는 **여가** 시간에 전자 게임을 개발했다.

386

specialize

[spéʃəlàiz]

specialization

명 전문 (분야), 전공

동 전문으로 하다, 전공하다

She **specializes** in literary fiction. 3-4

그녀는 문학 소설을 **전문으로 한다**.

387

speculation

[spèkjuléiʃən]

speculate

동 추측하다, 투기하다

명 추측, 숙고, 사색

The book relied too much on **speculation**. 5-1

그 책은 **추측**에 지나치게 의존했다.

388

spoil

[spɔil]

동 상하다   동 망치다

The fat is removed since it **spoils** easily. 5-3

지방은 쉽게 **상하기** 때문에 제거된다.

389

stability

[stəbíləti]

stable

형 안정된

명 안정

He helped the company regain financial **stability**. 3-1

그는 회사가 재정적인 **안정**을 되찾도록 도왔다.

390

standard

[stǽndərd]

명 기준, 수준

The lobby has not been kept at its usual **standard** of cleanliness. `1-4`

로비는 평상시의 청결 **기준**으로 유지되어 오지 않았다.

형 표준의

It is used as a **standard** health scoring system for newborns. `4-1`

그것은 신생아들을 위한 **표준** 건강 점수 체계로 사용되고 있다.

391

statement

[stéitmənt]

state

동 말하다, 진술하다

명 진술, 발언

Questions are more likely to alter one's behavior than **statements**. `4-2`

질문들이 **발언**보다 사람의 행동을 바꿀 가능성이 더 높다.

392

statue

[stǽtʃuː]

명 동상, 조각상

Today, a **statue** of Sequoyah stands in the US Capitol. `6-1`

오늘날, 세코야의 **동상**은 미국 국회 의사당에 서 있다.

393

status
[stéitəs]

명 지위, 위상 **명** (진행되는) 상황

It diminished Nietzsche's **status** within his department. 5-1

그것은 학과 내에서 니체의 **위상**을 약화시켰다.

394

stock
[stɑk]

명 재고(품), 보유 **명** 주식

I am pleased to inform you that we have 4- by 8-foot sheets of drywall in **stock**. 2-4

당신에게 4×8피트 사이즈의 건식벽 **재고**가 있음을 알리게 되어 기쁩니다.

395

stray
[strei]

동 탈선하다, 벗어나 있다

His first book **strayed** from classical scholarship. 5-1

그의 첫 번째 책은 고전적인 학문에서 **벗어났다**.

396

successful
[səksésfəl]

success
명 성공

형 성공적인

Tetris is one of the most **successful** video games of all time. 1-3

테트리스는 역대 가장 **성공한** 비디오 게임 중 하나이다.

397

suit

[suːt]

suitable 형 적합한, 알맞은

* be suited for
  ～에 잘 맞다

동 적합하다, 알맞다 명 소송, 정장

My perfect score on the exam might be viewed as evidence that I am **suited** for the job. 6-4

시험에서 만점을 받은 것은 내가 이 일에 **적합하다**는 증거로 보일 것이다.

398

superstition

[sùːpərstíʃən]

명 미신

The animals are still being hunted out of **superstition**. 4-3

그 동물들은 여전히 **미신** 때문에 사냥 당하고 있다.

399

supervise

[súpərvàiz]

= oversee

동 관리하다, 감독하다

The people who **supervise** its care manage to restore the statue to its original state. 7-3

그것을 **관리하는** 사람들이 간신히 그 동상을 원상태로 복구한다.

400

surgery

[sə́ːrdʒəri]

surgeon
명 외과 의사

명 외과, 수술

She entered Columbia University's school of **surgery**. 4-1

그녀는 컬럼비아 대학교 **외과** 대학에 입학했다.

DAY **19** TEST

A 단어와 의미를 알맞게 연결하세요.

01. request ·   · ① 사직하다, 그만두다

02. require ·   · ② 회복하다, 복구하다

03. resign ·   · ③ 요청하다, 요청

04. restore ·   · ④ 확보하다, 안전한

05. revise ·   · ⑤ 요구하다, 필요로 하다

06. secure ·   · ⑥ 탈선하다, 벗어나 있다

07. stray ·   · ⑦ 수정하다, 개정하다

B 빈칸에 알맞은 단어를 보기에서 고르세요.

① representative	② resemble	③ retain
④ revenge	⑤ scrutiny	⑥ significant
⑦ speculation	⑧ status	

08. I would like to invite you or your _____ to meet with us.

당신 또는 당신의 대리인을 초대해 만나고 싶습니다.

09. Authorities have weighed more _____ in the hiring process.

당국은 채용 과정에서의 더 많은 조사를 고려해 왔다.

10. The study was designed to help employers successfully _____ millennial workers.

그 연구는 고용주들이 밀레니얼 세대의 근로자들을 성공적으로 보유할 수 있도록 돕기 위해 설계되었다.

11. Millennials make up a _____ number of workers.

밀레니얼 세대가 상당한 수의 근로자를 구성한다.

12. Cassiopeia's stars _____ the shape of either a W or an M.

카시오페이아의 별은 W 또는 M의 모양을 닮았다.

13. Most episodes end with the women taking _____ on Bravo in a funny way.

대부분의 에피소드는 그 여자들이 재미있는 방식으로 브라보에게 복수하는 것으로 끝난다.

14. The book relied too much on _____.

그 책은 추측에 지나치게 의존했다.

15. It diminished Nietzsche's _____ within his department.

그것은 학과 내에서 니체의 위상을 약화시켰다.

▶MP3 바로 듣기

DAY 20

Target Words 알고 있는 단어에 체크해 보세요.

401 **survey** ☐	426 **unnoticed** ☐
402 **survival** ☐	427 **unsavory** ☐
403 **suspected** ☐	428 **unusual** ☐
404 **talented** ☐	429 **unveil** ☐
405 **technical** ☐	430 **upcoming** ☐
406 **temperature** ☐	431 **urban** ☐
407 **tend** ☐	432 **usher** ☐
408 **theft** ☐	433 **value** ☐
409 **thesis** ☐	434 **vandalize** ☐
410 **thorax** ☐	435 **vanity** ☐
411 **thunderstorm** ☐	436 **various** ☐
412 **transaction** ☐	437 **vehicle** ☐
413 **transfer** ☐	438 **venture** ☐
414 **transparent** ☐	439 **versed** ☐
415 **transportation** ☐	440 **violent** ☐
416 **trap** ☐	441 **virtual** ☐
417 **treat** ☐	442 **voluminous** ☐
418 **trust** ☐	443 **vouch** ☐
419 **tutorial** ☐	444 **warn** ☐
420 **typically** ☐	445 **wealthy** ☐
421 **ubiquitous** ☐	446 **weigh** ☐
422 **unauthorized** ☐	447 **withdraw** ☐
423 **unforgettable** ☐	448 **witness** ☐
424 **unique** ☐	449 **workforce** ☐
425 **unit** ☐	450 **zoology** ☐

401

survey
[sə́rvei, sərvéi]

명 (설문) 조사　동 조사하다

According to a global **survey**, millennials have special preferences concerning work environments.　6-2

전 세계 **설문 조사**에 따르면 밀레니얼 세대는 작업 환경에 관한 특별한 선호를 가지고 있다.

402

survival
[sərváivəl]

survive
동 생존하다

명 생존

Cooking with fire could have affected their **survival**.　2-2

불로 요리하는 것이 그들의 **생존**에 영향을 미쳤을 수도 있다.

403

suspected
[səspéktid]

suspect
동 의심하다
명 혐의자, 용의자

형 의심받는, 혐의가 있는

Banks usually stop investigating a **suspected** fraud when a teller resigns.　7-2

은행들은 보통 창구 직원이 사직하면 사기 **혐의**에 대한 조사를 중단한다.

404

talented
[tǽləntid]

= gifted

형 재능 있는

He hired a young and **talented** sculptor.　7-3

그는 젊고 **재능 있는** 조각가를 고용했다.

405

technical
[téknikəl]

[형] 기술의, 기술적

I would like to offer my services as an independent **technical** expert. 3-4

저는 독립적인 **기술** 전문가로서 서비스를 제공하고 싶습니다.

406

temperature
[témpərətʃər]

[명] 온도

They are dried in an oven at low **temperatures** to avoid overcooking. 5-3

그것들은 너무 오래 익히는 것을 피하기 위해 오븐에서 낮은 **온도**로 말려진다.

407

tend
[tend]

tendency
[명] 경향, 성향

[동] ~하는 경향이 있다, ~하기 쉽다

Questions answerable by "yes" or "no" **tended** to be more effective. 4-2

'예' 또는 '아니오'로 대답할 수 있는 질문들이 더 효과적인 **경향이 있다**.

408

theft
[θeft]

[명] 절도, 도난

Tellers hide their **thefts** by withdrawing less than $10,000. 7-2

금전 출납원은 1만 달러 미만을 인출함으로써 **절도** 사실을 숨긴다.

409

thesis

[θíːsis]

명 논문

Johnny Bravo was created by Van Partible for his **thesis** project at university. `7-1`

조니 브라보는 대학에서 **논문** 과제를 위해 반 파티블에 의해 만들어졌다.

410

thorax

[θɔ́ːræks]

명 (곤충의) 흉부

The **thorax** carries two pairs of wings and three pairs of legs. `2-3`

흉부에는 두 쌍의 날개와 세 쌍의 다리가 있다.

411

thunderstorm

[θʌ́ndərstɔ̀rm]

명 뇌우

St. Elmo's fire appears during **thunderstorms** when there is a high electric charge difference. `3-3`

성 엘모의 불은 높은 전하의 차이가 있는 **뇌우** 때 나타난다.

412

transaction

[trænzǽkʃən]

= deal

명 거래

The differences concern several business **transactions** during the past six months. `7-4`

이 차이는 지난 6개월 동안의 여러 사업 **거래**에 관한 것이다.

413

transfer

[trænsfɔ́ːr, trǽnsfər]

동 편입하다, 옮기다　**명** 이동, 이체

He **transferred** to the University of Pennsylvania.　2-1

그는 펜실베니아 대학으로 **편입했다**.

414

transparent

[trænspɛ́ərənt]

형 투명한

It cannot be used as a clothing material because it is
transparent.　1-2

그것은 **투명하기** 때문에 의류 소재로 사용될 수 없다.

415

transportation

[trænspərtéiʃən]

명 운송, 교통

They prefer urban locations with easy access to public
transportation.　6-2

그들은 대중**교통**을 쉽게 이용할 수 있는 도시 지역을 선호한다.

416

trap

[træp]

동 가두다　**명** 함정

Cling wrap **traps** moisture.　1-2

클링랩은 수분을 **가둔다**.

417

treat
[triːt]

treatment
명 대우, 대접

동 처리하다, 대우하다

They **treated** the plastic with chemicals. 1-2

그들은 화학 물질로 플라스틱을 **처리했다**.

418

trust
[trʌst]

= faith
= confidence

명 신뢰 동 신뢰하다

We are hoping that our **trust** can be restored. 7-4

우리는 **신뢰**가 회복될 수 있기를 바랍니다.

419

tutorial
[tjuːtóːriəl]

명 개인 지도, 사용 지침서

An Internet search can call up **tutorials** with step-by-step instructions. 7-2

인터넷 검색은 단계별 지침이 포함된 **사용지침서**를 불러올 수 있다.

420

typically
[típikəli]

부 전형적으로, 보통

Typically, bank tellers are given full access to customer information. 7-2

보통, 은행 창구 직원들은 고객 정보에 대한 모든 접속 권한을 받는다.

421

ubiquitous

[ju:bíkwitəs]

= universal

형 어디에나 있는, 흔한

Today, jerky is a **ubiquitous** food product. 5-3
오늘날 육포는 **어디에나 있는** 식품이다.

422

unauthorized

[ʌnó:θəràizd]

형 무단의, 승인되지 않은

These **unauthorized** withdrawals can go undetected for years. 7-2
이런 **무단** 출금은 몇 년 동안 감지되지 않을 수 있다.

423

unforgettable

[ʌnfərgétəbl]

= memorable

형 잊을 수 없는, 기억에 남는

To make the event even more **unforgettable**, a photo booth will be set up. 5-4
이 행사를 더욱 **기억에 남게** 하기 위해 포토 부스가 설치될 예정이다.

424

unique

[ju:ní:k]

형 독특한

Its **unique** shape is formed by its five brightest stars. 6-3
그것의 **독특한** 모양은 5개의 가장 밝은 별들에 의해 형성된다.

425

unit
[júːnit]

명 단위　**명** (아파트의) 호실, 채

The heat in cooking breaks down proteins into simpler **units**. 2-2

조리할 때 열기는 단백질을 더 간단한 **단위**로 분해한다.

I have owned a residential **unit** for almost 15 years.

1-4 나는 거의 15년 동안 아파트 한 **채**를 소유해 왔다.

426

unnoticed
[ʌ̀nnóutist]

형 주목받지 못한

Winton's efforts went **unnoticed** until nearly 50 years later. 1-1

윈턴의 노력은 거의 50년이 지날 때까지 **주목받지 못했다**.

427

unsavory
[ənséivəri]

형 불미스러운

This connection has caused Nietzsche's work to leave an **unsavory** impression on some readers. 5-1

이런 연관성은 일부 독자들에게 니체의 작품이 **불미스러운** 인상을 남기게 했다.

428

unusual
[ʌ̀njúːʒuəl]

= distinctive

형 특이한, 비범한

With an **unusual** talent for technology, he designed a space game called Blastar at 12. 2-1

기술에 **비범한** 재능을 가지고 그는 12살에 블라스타라는 우주 게임을 디자인했다.

429

unveil
[ʌ̀nvéil]

= reveal
= disclose

동 공개하다, 밝히다

It was **unveiled** at the harbor of Langelinie. 7-3
그것은 랑겔리니 항구에서 **공개되었다**.

430

upcoming
[ʌ́pkʌ̀miŋ]

형 다가오는, 곧 있을

Thank you for your interest in our **upcoming** construction project. 4-4
곧 있을 저희의 건설 프로젝트에 관심 가져주셔서 감사합니다.

431

urban
[ə́ːrbən]

형 도시의, 도시적인

They prefer working in **urban** locations. 6-2
그들은 **도시** 지역에서 일하는 것을 선호한다.

432

usher
[ʌ́ʃər]

동 안내하다, 이끌다 **명** 안내인, 접수원

Johnny Bravo **ushered** in a "golden age" of animated television series. 7-1
조니 브라보는 애니메이션 텔레비전 시리즈의 황금기를 **이끌었다**.

433

value

[vǽljuː]

valuable
형 귀중한, 가치가 큰

동 **가치를 두다, 중요시하다** 명 **가치**

The researchers wanted to know what millennials **value** most. 6-2

연구원들은 밀레니얼 세대들이 어떤 것을 가장 **중요시하는지** 알고 싶었다.

434

vandalize

[vǽndəlàiz]

동 **(문화, 예술을) 파괴하다, 훼손하다**

The statue has been **vandalized** many times. 7-3

그 동상은 여러 차례 **파손되어** 왔다.

435

vanity

[vǽnəti]

명 **허영심, 자만**

His attempts often backfire because of his **vanity**. 7-1

그의 **허영심** 때문에 그의 시도는 종종 역효과를 불러온다.

436

various

[vέəriəs]

vary 동 다양하다
variety 명 다양성

형 **다양한**

Various types of questioning worked according to Eric. 4-2

에릭에 따르면 **다양한** 유형의 질문이 효과가 있었다.

437

vehicle
[víːəkl]

명 차량　**명** 수단, 매체

Model 3 has become one of the world's most popular electric **vehicles**.　2-1

모델 3는 세계에서 가장 인기 있는 전기 **차량** 중 하나가 되었다.

438

venture
[véntʃər]

= enterprise

명 벤처, 사업

He left school and launched the first successful business **ventures**.　2-1

그는 학교를 그만두고 첫 번째 성공적인 **사업**을 시작했다.

439

versed
[vəːrst]

= proficient

형 정통한, 숙달한

They are well **versed** in the use of online platforms.　6-2

그들은 온라인 플랫폼 사용에 **정통하다**.

440

violent
[váiələnt]

violence
명 폭력

형 격렬한　**형** 폭력적인

St. Elmo's fire appeared toward the end of a **violent** thunderstorm.　3-3

성 엘모의 불은 **격렬한** 뇌우가 끝날 무렵에 나타났다.

441

virtual
[və́ːrtʃuəl]

형 가상의

They went through intense activities like going on a **virtual** safari. 3-2

그들은 **가상** 사파리에 가는 등의 격렬한 활동을 했다.

442

voluminous
[vəlúːmənəs]

volume
명 용량, 부피

형 풍성한

He is recognized for his **voluminous** blond hair. 7-1

그는 그의 **풍성한** 금발로 잘 알려져 있다.

443

vouch
[vautʃ]

동 보증하다, 확실히 인정하다

My past employers can **vouch** for my dedication. 6-4

나의 과거 고용주들은 내 헌신을 **보증할** 수 있다.

444

warn
[woːrn]

동 경고하다

The honeybee's body gives off chemical signals to **warn** other bees. 2-3

꿀벌의 몸은 다른 벌들에게 **경고하기** 위해 화학 신호를 보낸다.

445

wealthy
[wélθi]

wealth
명 부

형 **부유한**

Many of the **wealthy** Chinese move for economic opportunities. `5-2`

많은 **부유한** 중국인들은 경제적 기회를 위해 이주한다.

446

weigh
[wei]

weight
명 무게

동 **무게가 나가다**

A full-grown whale can **weigh** between 800 and 1,600 kilograms. `4-3`

다 자란 고래는 800에서 1,600 킬로그램의 **무게가 나갈** 수 있다.

동 **숙고하다, 따져보다**

Authorities have **weighed** stronger penalties for lawbreakers. `7-2`

당국은 범법자들에 대한 더 강력한 처벌을 **숙고해** 왔다.

447

withdraw
[wiðdrɔ́:]

withdrawal
명 인출, 철수

동 **(예금을) 인출하다** 동 **물러나다**

Tellers can **withdraw** money and sell personal information to thieves. `7-2`

금전 출납원들은 돈을 **인출할** 수 있고 도둑들에게 개인 정보를 팔 수도 있다.

448

witness

[wítnis]

동 목격하다 **명** 목격자

St. Elmo's fire is most commonly **witnessed** as a glowing bright-blue. 3-3

성 엘모의 불은 빛나는 밝은 청색으로 가장 흔하게 **목격된다**.

449

workforce

[wə́:rkfɔ̀:rs]

명 노동력, 노동 인구

Millennial workers make up the largest portion of the **workforce**. 6-2

밀레니얼 세대 근로자들은 **노동 인구**의 가장 큰 부분을 구성한다.

450

zoology

[zouálədʒi]

명 동물학

Apgar earned a degree in **zoology**. 4-1

아프가는 **동물학** 학위를 받았다.

DAY 20 TEST

A 단어와 의미를 알맞게 연결하세요.

01. survey •   • ① 경고하다

02. transfer •   • ② 조사하다, 조사

03. vandalize •   • ③ 인출하다, 물러나다

04. vouch •   • ④ 편입하다, 옮기다, 이동

05. warn •   • ⑤ (문화, 예술을) 파괴하다

06. withdraw •   • ⑥ 목격하다, 목격자

07. witness •   • ⑦ 보증하다

B 빈칸에 알맞은 단어를 보기에서 고르세요.

① suspected	② temperatures	③ transactions
④ transparent	⑤ unnoticed	⑥ unsavory
⑦ vanity	⑧ wealthy	

08. The differences concern several business _____ during the past six months.

이 차이는 지난 6개월 동안의 여러 사업 거래에 관한 것이다.

09. Winton's efforts went _____ until nearly 50 years later.

윈턴의 노력은 거의 50년이 지날 때까지 주목받지 못했다.

10. They are dried in an oven at low _____ to avoid overcooking.

그것들은 너무 오래 익히는 것을 피하기 위해 오븐에서 낮은 온도로 말려진다.

11. Banks usually stop investigating a _____ fraud when a teller resigns.

은행들은 보통 창구 직원이 사직하면 사기 혐의에 대한 조사를 중단한다.

12. It cannot be used as a clothing material because it is

_____.

그것은 투명하기 때문에 의류 소재로 사용될 수 없다.

13. Many of the _____ Chinese move for economic opportunities.

많은 부유한 중국인들은 경제적 기회를 위해 이주한다.

14. This connection has caused Nietzsche's work to leave an

_____ impression on some readers.

이런 연관성은 일부 독자들에게 니체의 작품이 불미스러운 인상을 남기게 했다.

15. His attempts often backfire because of his _____.

그의 허영심 때문에 그의 시도는 종종 역효과를 불러온다.

정답 **1** ② **2** ④ **3** ⑤ **4** ⑦ **5** ① **6** ③ **7** ⑥ **8** ③ **9** ⑤ **10** ② **11** ① **12** ④ **13** ⑧ **14** ⑥ **15** ⑦

340 ⋮ 지텔프 최신 기출 보카 Level 2

Index

A

abdomen	194
ability	062
abroad	012
absence	012
absorb	062
abundant	194
accept	062
access	194
accident	012
accommodate	062
accomplish	194
accordingly	063
account	195
accounting	195
achieve	063
achievement	195
acquire	196
activate	012
actual	196
actually	063
addition	063
address	196
adjust	064
admire	197
adopt	064
adoptive	197
advance	064
advanced	197
advantage	013
advertising	197

advice	013
aesthetically	198
affair	198
affect	064
afford	065
affordable	198
agency	013
agenda	065
agree	198
agreement	065
agriculture	199
aim	065
air	199
airtight	199
alert	066
algebra	013
allot	199
allow	200
alone	066
alter	200
ambience	066
amenity	200
amount	066
anatomy	014
ancestor	200
anesthesia	201
announce	014
annual	201
anthropology	014
anticipate	014
antiviral	067
apparel	067

B

MEMO

G-TELP KOREA 문제 제공
지텔프 기출 보카 Level 2

2022. 2. 16. 1판 1쇄 발행
2023. 1. 11. 1판 2쇄 발행
2023. 7. 5. 1판 3쇄 발행

지은이 | G-TELP KOREA 문제 제공
성안당 지텔프 연구소
펴낸이 | 이종춘
펴낸곳 | **BM** (주)도서출판 **성안당**
주소 | 04032 서울시 마포구 양화로 127 첨단빌딩 3층(출판기획 R&D 센터)
10881 경기도 파주시 문발로 112 파주 출판 문화도시(제작 및 물류)
전화 | 02) 3142-0036
031) 950-6300
팩스 | 031) 955-0510
등록 | 1973. 2. 1. 제406-2005-000046호
출판사 홈페이지 | www.cyber.co.kr
ISBN | 978-89-315-5760-2 (13740)
정가 | 12,000원

이 책을 만든 사람들
책임 | 최옥현
진행 | 김은주
편집·교정 | 김은주, 정지현
본문 디자인 | 나인플럭스
표지 디자인 | 나인플럭스
홍보 | 김계향, 유미나, 정단비, 김주승
국제부 | 이선민, 조혜란
마케팅 | 구본철, 차정욱, 오영일, 나진호, 강호묵
마케팅 지원 | 장상범
제작 | 김유석

www.cyber.co.kr
성안당 Web 사이트

■ 도서 A/S 안내

성안당에서 발행하는 모든 도서는 저자와 출판사, 그리고 독자가 함께 만들어 나갑니다.
좋은 책을 펴내기 위해 많은 노력을 기울이고 있습니다. 혹시라도 내용상의 오류나 오탈자 등이 발견되면 **"좋은 책은 나라의 보배"**로서 우리 모두가 함께 만들어 간다는 마음으로 연락주시기 바랍니다. 수정 보완하여 더 나은 책이 되도록 최선을 다하겠습니다.
성안당은 늘 독자 여러분들의 소중한 의견을 기다리고 있습니다. 좋은 의견을 보내주시는 분께는 성안당 쇼핑몰의 포인트(3,000포인트)를 적립해 드립니다.

잘못 만들어진 책이나 부록 등이 파손된 경우에는 교환해 드립니다.